김재준
−근본주의와 독재에 맞선 예언자적 양심

현대신학자평전 2

김재준
— 근본주의와 독재에 맞선 예언자적 양심

천사무엘 지음

살림

머리말

현대신학자평전을 위하여 구약학자인 김재준의 생애와 사상을 정리하고 평가하는 원고를 써달라는 부탁을 받았다. 김재준을 직접 만난 적도 없고 강의나 설교를 들은 적도 없으며 그에 대한 지식이 거의 없어 거절하려 했지만, 바로 그러하기 때문에 보다 더 객관적으로 집필할 수 있을 것이라고 설득해 결정했다. 또한, 2001년 덴버에서 열린 미국성경학회(SBL)에서 한국 성경해석사에 대한 논문을 발표한 일이 있어 김재준에 관한 집필은 이러한 저자의 관심을 넓히는 기회가 되리라 생각했다.

김재준에 관한 글을 쓰는 것은 부담스러운 일임에 틀림없다. 그를 사랑하고 존경하며 따르는 수많은 제자들이 생존해 있기 때문이기도 하지만, 다른 한편 그에 대한 긍정적인 평가에 촉각을 곤두세우는 사람들도 있기 때문이다. 그것은 김재준에 대한 적절한 평가와 폭넓은 논의가 아직도 제대로 이루어지지 않았다는 것을 의미한다. 또한, 한국 장로교 역사에 있어서 그가 관련되었던 성경해석에 대한 논쟁이나 교단 분열 등을 생생하게 기억하는 사람들의 다양한 시각이 아직도 학문적으로 적절하게 수렴되거나 정리되지 못하고 있다는 것을 의미한다. 이러한 점을 고려하면서 본 책은 가능한 한 어느 한편에 치우치지 않고 학문적인 평가를 적절하게 가하여 신학도나 일반인들이 김재준을 쉽게 이해하는 데 도움을 주고자 했다.

본 책은 2003년 여름, 미국 버클리에서 씌어졌다. 이곳에서 따뜻하게 대해 준 빌 잉 목사님 부부(Bill Ng and Carol Dolezal-Ng)와 아이들(Grace and Jeremy), 그리고 절판된 『김재준 전집』(1992) 18권을 빌려주신 대전 한밭교회 민홍기 목사님께 감사드린다. 또한, 원고 교정과 사진편집을 위해 수고하신 살림출판사 기획팀의 김대섭 선생님께도 감사드린다. 가족들의 도움이 없이 책을 쓴다는 것은 어려운 일이다. 일반 독자의 입장에서 원고를 읽어준 아내와, 조용함으로 협력을 해준 기환, 혼자 집을 지키며 생활한 세환에게도 고마움을 표한다.

김재준 목사님처럼 구약학자로서 예언자의 목소리를 내고 민주화 운동에 앞장서면서 독재정권의 박해와 옥살이도 감내하신 저자의 스승이자 연세대학교 신과대학 구약학 교수였던 김찬국 목사님께 이 책을 바친다. 그리스도의 이름으로 세워진 교회, 기독교기관, 신학교 등에 몸담고 있으면서도 돈, 권력, 교권, 이성 등의 유혹을 이기지 못하는 인사들의 심각한 타락상을 보면서, 후학들이 이러한 스승들의 바른 삶을 본받는 데 이 책이 작은 기여를 했으면 하는 바람이다.

2003년 8월
대전 오정골 연구실에서
천사무엘

차 례

머리말　5
김재준에 대한 시각　11
1. **어린 시절**　24
   창꼴마을 | 외가와 신식교육 | 직장생활과 결혼
2. **유교인에서 기독교인으로**　39
   서울생활과 개종 | 고향에 돌아가
3. **큰 마음 큰 뜻을 품고**　60
   일본 청산학원 | 미국 유학
4. **교육의 첫걸음**　78
   평양 숭인상업학교 교목 | 북간도 용정 은진중학교 교목
5. **조선신학원 교수**　102
   조선신학원은 세워야 한다 | 시련의 시작
6. **해방 직후 혼돈의 시대에**　127
   무너진 땅을 다시 세우며 | 근본주의에 맞서

7. 전쟁의 와중에서　148
　전쟁 속에서도 계속된 교육 | 장로교의 분열 | 기독교 장로회의 탄생

8. 신학교육의 마지막에　161

9. 독재정권에 항거하며　179
　의를 위한 투쟁 | 캐나다 이민 생활 | 마지막 불꽃

10. 김재준의 사상과 그 평가　206
　성경 | 교회 | 역사 | 자유 | 신학교육

맺는 말: 근본주의와 독재에 맞선 예언자적 양심　234

• 참고문헌　238

• 김재준 연보　240

* 본문에 인용된 성경구절은 '개역 한글판'을 따랐다.
* 본문 안에 사용된 사진은 '사단법인 장공 김재준 목사 기념사업회 (http://www.changgong.or.kr)'에서 제공한 것임을 밝힌다.

김재준에 대한 시각

한국에 있는 개신교 신학대학이나 신학대학원에서 신학의 기초 과정을 공부하는 학생들이라면 반드시 수강해야 하는 '한국 교회사'라는 과목이 있다. 여기에서는 천주교와 개신교를 포함한 기독교의 한반도 전래 과정과 한국 교회의 성장 및 변천사를 공부한다. 이 과목이 진행되는 동안 가르치는 교수나 배우는 학생들 모두 가장 슬퍼하고 안타까워하는 역사가 있다. 20세기 중반에 일어난 장로교파의 분열이 그것이다. 성장 과정에서 교회가 발전적으로 나뉘는 것은 박수와 칭찬을 받을 일이지만, 신학적인 이해 부족, 비본질적인 문제, 신앙의 다른 형태에 대한 몰이해 등으로 인하여 분열한 것이기에 이 사건은 아픈 역사로 기억되고 있는 것이다.

자신이 속한 교단이나 학교 혹은 신학노선이 이 문제와 깊이 연관되어 있을 경우, 이에 대한 평가는 매우 극단적인 방향으로 흐르게 마련이다. 그리하여 사실이 왜곡되기도 하고 일방적으로 평가되기도 하며 자신들만의 정당성이 주장되기도 한다. 학문적인 토론이 자유롭지 못한 한국의 상황에서 그리고 아직도 이 아픈 역사를 생생하게 기억하는 사람들이 생존하고 있는 현실에서 이와 같은 경향은 당연한 것인지도 모른다. 또한, 편견 없는 객관적인 역사가 불가능하다는 것을 고려한다면, 이와 같은 현실을 당연한 것으로 받아들여야 할지도 모른다.

김재준은 20세기 장로교 분열사의 한복판에 서 있었기 때문에 그에 대한 평가나 그를 바라보는 시각 역시 이러한 현실을 반영한다.

먼저, 김재준을 긍정적으로 평가하는 사람들의 견해이다. 이들은 그가 시대착오적인 근본주의 신학[1]에 맞서 싸운 신학자요, 선교사들을 추종하는 교권주의자들에 의한 희생자이며, 민주주의를 위해서 투쟁한 정치개혁운동가, 대중적 기독교를 연 선구자 그리고 깊이 있는 영성을 소유하고 청빈하게 살았던 목회자, 한국의 종교개혁자로 일컬으며 극찬한다. 김재준의 제자이자 한신대학교 구약학 교수였던 김정준의 다음과

---

[1] 근본주의 신학이란 17세기 정통주의 신학을 강화하면서 이를 고수하고자 했던 보수 신학인데, 성경 문자의 절대무오를 보장하는 축자영감설을 믿는 것이 가장 큰 특징이다.

같은 평가는 이러한 시각을 대변한다. "김재준 목사는 한국 교회 100년사 중 가장 탁월한 문장력과 해박한 신학 지식, 정확한 판단력과 정연한 논리성으로 한국 '출애굽 신학운동'에, 이스라엘 신앙사에 비하면 모세와 같은 역할을 한 사람이다. 근본주의 신학의 아성 속에서 온갖 핍박과 박해를 받으면서도 학

해외 민주화 운동을 할 때인 1981년 일본을 방문. 이곳을 여행하면서.

문의 자유, 신앙의 자유, 양심의 자유라는 세 가지 무기로써 기어코 근본주의 신학이라고 하는 바로의 권력에서 탈출하여 새로운 신학의 길을 개척한 역사적 인물이 바로 그분이다."[2]

김정준의 평가에는 스승에 대한 존경심, 그리고 김재준이 받은 오해와 그가 겪었던 억울함을 가까이에서 지켜본 제자의 울분이 반영되어 있다.

한신대학교 교수 김경재의 최근 책에도 제자로서 스승 김재준에 대해 가지고 있는 존경심이 깊이 반영되어 있다.

---

2) 김정준, 『만수 김정준 전집 1: 역사와 신앙』, 서울: 한국신학연구소, 1987, 418쪽.

"신라에 불교가 전래된 지 200여 년이 지나 원효대사와 의상대사를 낳았고, 조선왕조가 유교를 국가이념으로 삼아 건국한 지 200년쯤 되자 퇴계 이황과 율곡 이이를 낳았다. 그와 비슷하게 그리스도교는 한국 땅에 전래된 지 200여 년 만에 김재준과 함석헌을 낳았다. …… 필자는 감히 그 두 분을 …… 소승적인 전통 기독교에 대하여 한국 '대승적 기독교'의 창시자들이라고 부르고자 한다."[3]

김경재는 교회에서 축출당했지만 교회를 떠나지 않았던 김재준을 무교회주의자였던 함석헌과 사상적으로 같은 선상에 놓으면서 200년 한국 기독교 사상의 최고봉으로 평가하고 있는 것이다. 그리고 그의 사상이 한국 불교의 원효나 의상대사, 한국 유교의 이황이나 이이 등과 비견될 만큼 한국 기독교에서 중요한 위치를 점하고 있음을 주장했다.

한신대학교의 졸업생이자 성공회대학교 교수인 손규태 역시 김재준을 한국의 종교개혁자로 부르며 극찬하는 데 인색하지 않다. "…… 장공은 성서적 진리를 교리적 족쇄에서 구해내고, 그리스도의 교회를 교권의 전횡에서 구해낸 진정한 의미에서 한국의 종교개혁자였다. 만일 한국 교회 안에 장공이 존재하지 않았다면 한국 교회는 무지와 몽매, 왜곡된 교회

---

3) 김경재, 『김재준 평전: 성육신 신앙과 대승 기독교』, 서울: 삼인, 2001, 3-4쪽.

주의자와 교권주의자들의 농성장이 되었을 것이다."[4]

김재준에 대한 이러한 우러름의 평가와는 달리, 그를 매우 부정적으로 평가하는 사람들이 있다. 한국 근본주의 신학의 거두 박형룡과 그의 제자들, 그리고 근본주의 신앙노선을 따른다고 자임하는 사람들이 그들이다. 이들에게 있어 김재준은 소위 '자유주의 신학자', '신(新) 신학자', '성경 파괴자', '교회를 문란케 하는 자', '예수의 기적, 부활, 승천을 믿지 않는 자', 심지어 '마귀'라고 불릴 정도의 이단자였다. 이와 같은 부정적인 평가는 최근에도 계속되고 있는데, 총신대학교의 김길성 교수의 글에서 그 실례를 찾아 볼 수 있다.

"물론 박형룡 박사의 귀경에는 김재준 교수를 염두에 두고 있었을 것이 당연지사이나 김 교수에 대한 개인적인 도전장이라고 보기에는 무리가 있다. 박형룡 박사는 정통주의 신학의 진수를 자유주의 신학과 비교하여 그 정(正)과 사(邪)를 가릴 만한 것으로 보지 않았다. 성경관과 관련된 진리의 문제를 학문적인 우열로서 서열 지으려는 인간적인 시도를 받아들일 수 없었기 때문이다. 그러므로 박형룡 박사가 서울로 올라온 사실에 대하여 더 정확하게 표현하자면, 자유주의 신학에 물들어갈 조국 교회의 앞날을 염려하는 마음으로 자유주의 신

---

[4] 손규태, 『장공 김재준의 정치신학과 윤리사상』, 서울: 대한기독교서회, 2002, 101쪽.

학에 제동을 건 것이라고 해야 할 것이다.

그렇지 않아도 조선신학교로부터 해마다 배출되는 자유주의 신학에 물든 목사들의 양산에 몹시 우려를 나타내던 보수 진영에서는 당시 세차게 불기 시작한 자유주의 바람에 긴장하고 있던 터라, 장로회신학교의 개교를 그야말로 대 환영하였을 것임은 두말할 나위가 없다. …… 그러나 자유주의 신학자에 대한 양 신학교의 입장은 서로 다른 것이어서 양 신학교가 하나로 합동하기에는 요원한 것이었다.

처음 조선신학교의 개혁안이 여의치 않아 장로회신학교를 세워 직영 신학교를 만든 총회가 이미 보수주의 세력에 주도되고 있음을 잘 알고 있는 조선신학교 측에서 이 합동 안에 찬동할 리가 만무하였다. 자유주의 신학자들은 양 신학교 합동이 정치적으로 이루어진다면 그들의 기성지반이 근본적으로 흔들리게 될 것을 느꼈기 때문에 이 합동 안을 강력하게 반대하기에 이르렀다."[5]

이 글에는 김재준을 직접 거명하는 비판이 나타나 있지 않지만, 그와 조선신학교의 관계를 감안한다면 조선신학교에 대한 언급은 곧 김재준과 연결된다. 즉, 김재준이 주도적 역할을 하고 그의 신학사상이 깊이 연관되어 있는 조선신학교는

---

5) 『총신대보』 244호, 2001.

'자유주의'에 물들어 있고, 거기에서 배출되는 목사들은 '자유주의 신학'이라는 잘못된 사상에 물들어 있기 때문에 한국 교회에 이롭지 못하다는 것이다. 또한, 김재준의 신학은 정(正)과 사(邪)를 가릴 만큼 가치 있는 것이 아닐 뿐만 아니라 이미 '사(邪)'라는 것이다.

김재준 계열과 박형룡 계열의 학자들이 말하는 김재준에 대한 극단적인 평가와는 달리, 감리교 신학자 유동식은 그의 양면성을 다음과 같이 짧게 지적했다.

"(김재준의) 진보주의적, 역사적 성서 이해는 급변하는 현대 역사 속에 사는 우리들에게 살아 계신 하나님의 말씀을 듣게 해주는 일에 공헌했다. 그러나 한편 사회·정치적 연구에 치우친 나머지 초월적인 하나님의 종교적 차원이 가려질 위험성 또한 개재되어 있다. 여기에 공헌과 위험성을 함께 가진 한국 진보주의 신학의 초석이 있다."[6]

김재준은 성경을 역사비평방법에 근거하여 이해함으로써 하나님의 말씀이 역사 속에서 구체적으로 어떻게 선포되었는지를 밝히는 데는 공헌했지만, 이러한 방법은 하나님의 초월성이 가려질 위험이 내포되어 있다는 것이다.

본 책은 김재준의 생애와 사상을 신학생이나 신학에 관심

---

6) 유동식, 『한국신학의 광맥』, 서울: 전망사, 1982, 140쪽.

있는 일반인들이 평이하게 이해할 수 있게 씌어졌다. 그렇기 때문에 본 책은 첫째로, 김재준에 대한 극단적인 평가를 피했다. 따라서 그의 적대자들이 그를 지칭하기 위하여 사용하는 '자유주의자'나 '신 신학자' 등의 용어를 그에게 적용시키지 않았다. 특히 그의 적대자들의 대표격인 박형룡은 에큐메니칼 운동 자체를 '자유주의'라며 비판하고, 미국 장로교회(P.C.U.S.A.)의 전신인 미국 연합장로교회까지도 '자유주의'에 물들었다고 비난하기 때문에 그러한 시각으로 김재준을 평가하는 것은 적절하지 못하다고 보았다. 에큐메니칼 운동이나 1967년에 발표된 미국 연합장로교회의 신앙고백의 관점, 그리고 세계 신학사조의 흐름 속에서 본다면, 도리어 박형룡의 신학이 정도를 벗어나 있고 에큐메니칼 운동을 거부하고 있으며 세계 교회신학의 흐름을 거스르는 것이었다. 본 책은 이러한 점을 고려하면서, 필요한 경우 김재준의 적대자들이 남긴 자료도 검토, 평가하여 참조했다.

한국 신학사를 논할 때 '자유주의'니 '보수주의'니 하는 용어의 사용에는 늘 신중을 기해야 한다. 현대 신학에서 '자유주의'라는 용어는 헤겔, 슐라이어마허, 리츨 등이 주도한 19세기 독일의 신학사조를 가리키는데, 김재준은 이러한 신학이 "악마에게 절하고 천하를 얻으려는 식이어서 애초부터 (인본주의적인 현대주의와 현대문명에) 지고 들어가는 싸움"이라고 비판했다.[7] '신정통주의'란 자유주의를 비판하면서 등장한 바르트, 불트만, 브루너 등의 신학을 의미하는데, 김재준은 이들 신정통주의 신학에 매우 동정적이었다. 즉, 김재준이 제시한 신학은 '자유주의'로 볼 수 없으며, 오히려 '신정통주의'에 가깝다.

김재준이 신학적으로 신정통주의와 맥을 같이 한다고 해서, 그에게 소위 '한국적 보수 신앙인들'의 신학이나 신앙내용을 전혀 찾아볼 수 없는 것은 아니다. 김익두 목사 부흥회에서 그가 경험한 성령체험의 감격, 길선주 목사가 강조했다던 새벽기도를 지키기 위해 새벽마다 산에 올랐던 그의 열심, 주기철 목사처럼 십계명을 지키기 위하여 신사참배를 거부하고 사표를 내던졌던 그의 결단, 한경직 목사처럼 성 프랜시스를 존경하여 청빈하게 지낸 그의 삶, 신비주의자들처럼 꿈이나 환상 등에서 하나님의 메시지를 발견하려는 그의 태도 등은 그가 '한국적 보수 신앙인들'보다 더 철저하게 '한국적'이고 '보수적'이었음을 보여준다. 또한, 유교에서 기독교로 개종한 그의 신앙은 성경의 문자적 내용을 중요시하면서 이를 삶으로 실천하려고 했다는 점에서 '유교적 기독교'라는 20세기 한국 기독교인들의 일반적인 보수 신앙과도 크게 다르지 않다.

---

[7] 괄호 안은 필자의 것임.

따라서 김재준을 '자유주의자'나 '신 신학자'로 낙인찍으며 판단하는 것은 그의 신앙이나 신학을 제대로 이해하지 못한 결과이며, '자유주의'와 '신정통주의'를 혼동한 결과이다.

다른 한편, 김재준에 대한 극찬적인 평가 역시 본 책은 피하고자 했다. 그가 한국 신학의 교육과 발전, 그리고 한국 민주주의의 발전에 지대한 공헌을 했다는 것은 인정하고 높이 평가해야 한다. 이것을 무시한다면 역사를 왜곡하는 것이요 사실을 은폐하는 것이다. 그가 남긴 글 역시 20세기 한국 역사를 연구하는 데 있어 귀중한 자료임에 틀림이 없다. 탁월하고 호소력 있는 문장, 깔끔한 내용, 흐트러짐 없는 흐름, 정확한 분석과 소개 등은 현재까지도 지성인들에게 호소력이 있고, 역사를 파악하는 데 유익하다.

그러나 그를 반대하는 사람이라고 해서 모두 교권주의자는 아니며, 그의 신학에 동조했다고 해서 모두 기독교장로회를 지지하고 분리되어 나온 것도 아니었다. 또한, 미국 장로교 선교사라 해서 모두 교권주의자들이나 근본주의 신학의 옹호자들이 아니었다. 게다가 그는 소위 '자유주의 신학'을 한국에 처음 도입한 사람도 아니고 그러한 신학을 그 자신만이 가르친 것도 아니었다. 더군다나 '자유주의 신학' 때문에 그 자신만이 근본주의자들로부터 비난이나 박해를 받은 것도 아니었다. 그는 독창적인 신학사조를 이끌어 낸 신학자도 아니며,

조국의 민주화를 위해 활동하던 중 나이아가라 폭포에서.
캐나다에 머물렀던 그는 자주 이곳에 와서 마음을 달랬다.

오히려 서구 신학을 한국에 소개하면서 한국의 상황에 그 메시지를 적용하려 했다. 그에게도 인간이면 누구나 가지고 있는 지역주의적인 편견이나 정치적인 편향이 있었고, 특별히 편애하는 제자들도 있었다. 그는 유교적인 영향을 받은 한국의 일반 가장(家長)들처럼 자신의 혈육 공동체를 자신의 삶에 있어 핵심으로 생각했으며, 가족들과 남은 여생을 보내기 위하여 한국을 떠나 10년 동안 캐나다에서 살면서 시민권을 취득하기도 했다. 따라서 그에 대한 긍정적인 평가나 수식어를 붙일 때 보다 더 신중한 판단이 이루어져야 하겠다.

그를 높이기 위하여 그의 적대자들을 일방적으로 매도하거나, 그의 업적이나 사고를 과대 포장하는 것은 그의 훌륭한 인격과 인품을 고려할 때 그가 바라는 바도 아닐 뿐 아니라 그를 이해하는 데도 방해가 된다. 찬양 일변도가 아닌, 보다 더 냉철하고 엄격한 학문적 평가가 이루어질 때 그는 한국뿐만 아니라 세계의 신학도와 일반인으로부터 바르게 이해되고 존중받는 신학자가 될 수 있을 것이다. 본 책도 그러한 점을 고려했다.

둘째로, 본 책은 기록된 자료들을 중심으로 씌어졌다. 김재준이 남긴 글, 그에 대한 증언기록, 그에 대한 평가나 연구 등을 한국 교회사와 한국 역사, 그리고 세계 신학사조의 흐름 속에서 평가하고 파악하면서 참조했다. 그리하여 어느 특정 개인이나 집단 혹은 사건의 정당성을 위해서 사용된 것으로 판단되는 표현이나 수사학(rhetoric) 등은 배제하고자 노력했다. 그의 생애를 이해하는 데 그의 자서전 『범용기』가 매우 유익했으며, 그의 사상을 다룰 때에는 그에 관한 연구논문이나 책보다는 가능한 그가 직접 남긴 글을 참조하고 인용하고자 했다.

셋째로, 본 책은 장공 김재준 목사님을 지칭할 때, '김재준'이라는 본래의 이름, 즉 그가 태어날 때 부여받았던 이름을 사용했다. '장공(長空)'이란 아호는 1920년대에 김재준이 보낸 그의 글을 일본에 유학하고 있던 송창근이 읽고 지어준 것으로 그의 독특한 시각이 반영되어 있는데, '역사적 김재준'

을 이해하는 데는 도리어 방해가 될 수 있다. 본 책에서 '장공'이나 그에 대한 다른 존칭을 사용하지 않는 것은 그를 처음 대하는 독자들이 가능한 편견 없이 그를 대하고 평가하기 위함이다. 그를 존경하고 사랑하는 분들의 양해를 구한다.

넷째로, 김재준의 생애를 기술할 때에는 이 땅에서 구체적으로 행했던 그의 인간적인 면을 부각시키고자 노력했다. 스승 김재준이나 목사 김재준이 아닌 인간 김재준의 모습을 묘사하고자 했다. 그리하여 그의 성격이나 생각 등이 나타났던 에피소드, 독백 등을 그대로 실었으며, 시간에 따라 변화되어 가는 그의 모습을 부각시키고자 했다. 그럼에도 불구하고 그에 대한 자료들이 그 자신의 자서전이나 그의 제자들의 회상문 혹은 그의 적대자들의 일방적인 평가에서 나온 것이 대부분이기 때문에 언급할 만한 가치가 있는 그의 진면목들을 많이 찾아내지는 못했다. 또한, 지면의 한계로 인하여 그나마다 소개하지도 못했다.

다섯째로, 본 책은 구약학 교수인 필자가 젊은 시절 구약학자의 모델이 되었던 김재준의 생애와 사상을 학문적으로 정리하고 소개하려는 의도에서 집필되었기에, 조직신학자나 윤리학자 혹은 목회자나 민주투사로서의 모습이 상대적으로 약하게 다루어졌을 수도 있다. 이 점 양해해 주기 바란다.

1. 어린 시절

창꼴마을

장공(長空) 김재준(金在俊)은 1901년 음력 9월 26일(양력 11월 6일) 함경북도 경흥군 아오지읍 창동에서 태어났다. 그가 태어난 1901년은 20세기 한국 교회사에 큰 족적을 남겼던 다른 세 지도자들이 태어난 해이기도 하다. 즉, 한국 역사 속에서 하나님의 뜻을 찾으려 했던 함석헌, 성서조선을 외쳤던 김교신, 한국적 기독교 신비주의자였던 이용도 등이 1901년에 출생했다. 그리고 1년 뒤인 1902년에는 민족의 복음화를 부르짖었던 목회자이자 프린스턴신학교 시절부터 김재준의 친구였던 한경직이 태어났다. 또한, 3년 전인 1898년에는 기독교 사회윤리를 한국 땅에서 실천하려 했던 신학자요 목회자였으며, 김재준의 신학공부의 길잡이였던 송창근이 출생했다. 함석헌과 한경직은 평안도에서, 송창근과 김재준, 김교신은 함경도에서, 이용도는 황해도에서 태어났으니, 이들이 모두 비슷한 시기에 지금의 북한 땅에서 출생한 것이다.

19세기 말과 20세기 초는 동학혁명(1894년), 청일전쟁(1894년), 러일전쟁(1904년) 등으로 인하여 한반도 정세가 극도로 혼란스러운 시대였고, 일본 제국주의의 한반도 식민통치가 준비되고 있던 시기였다. 한반도가 정치·경제·사회적으로 절망적이던 시절에 김재준은 그리스도의 복음을 한반도에서 실천하려 했던 다른 지도자들과 같은 시기에 태어난 것이다.

김재준의 고향인 창동은 창꼴이라고도 불렸다. 창꼴은 '창고가 있는 마을'이란 뜻인데, 조선시대에 비축미 창고가 있었기 때문에 붙여진 이름이었다. 이 창고는 김재준의 집 바로 옆에 있었기 때문에 사람들은 그의 집을 창꼴 집이라 불렀다. 김재준은 자랄 때에 그 창고를 본 일이 없지만, 그 터가 어디인지는 알고 있었다.

창꼴은 사방이 산으로 둘러싸인 분지에 위치하여 있었고, 뒷산에는 옛 성터가, 가까이에는 두만강이 흐르고 있었다. 그리고 이 두만강을 건너면 북간도, 연해주 등지로 갈 수 있었다. 때문에 창꼴은 러일전쟁 때 러시아 병사들이 지나가는 길목이기도 했고, 일제시대에는 두만강을 건너 만주 등지로 오가는 사람들이 들르는 곳이기도 했다. 즉, 나라의 변방이자 국

김재준이 어린 시절을 보냈던 함경북도 경흥군 아오지의 창꼴 집. 창꼴은 조선시대에 비축미 창고가 있어 붙여진 이름이다. 일제시대에 아오지 탄광이 개발되면서 탄광촌으로 바뀌었다.

경지역의 분위기를 느낄 수 있는 곳이었다.

창꼴은 국경지역으로 두만강을 건너면 중국과 러시아로 연결되었지만, 신문화인 서양문화를 적극적으로 수용한 곳은 아니었기에 근대식 학교도 없었고 기독교 교회도 없었다.

김재준의 부친인 김호병도 근대식 학교교육이나 기독교 교회에 관심이 없었다. 그는 한학에 조예가 깊고 유교전통을 중시하는 선비였다. 과거시험에 낙방했지만, 글을 알았기 때문에 고을 원님의 비서 일이었던 '책실'로 활동하기도 했다. 그러나 그의 큰아들이 몸이 아파 집으로 돌아온 뒤에는 더 이상 과거시험에 응시하지 않은 채 집안일을 돌보았다. 그러던 중 사랑방에 초학서당을 차려놓고 동네 아이들에게 글을 가르치기도 했다.

　매관매직이 판치던 당시 자기 실력만으로 관직에 진출하기란 매우 어려웠다. 따라서 김호병도 국운이 기울고 기강이 무너진 시대에 출세하는 것이 도리어 욕이라고 생각하여 고향에 남아 아이들을 모아 글을 가르쳤던 것이다. 학부모들은 아이들을 가르치는 서당 훈장에게 사례금을 주었는데, 김호병의 경우 그 사례금이 가족을 부양하기에는 너무나 부족한 액수였다. 그리하여 그는 집안의 농사일도 거들어야 했다.

　김재준도 다섯 살 때부터 아버지가 가르치는 서당에서 글을 배웠다. 그는 당시 교육방식에 따라 『천자문』, 『백수문』, 『통감』, 『동몽선습』 등 기초 과정의 책뿐만 아니라, 『대학』, 『중용』, 『논어』, 『맹자』 등 유교경전을 암송하는 데 열중했으며, 이와 같은 암송교육은 10살 무렵까지 계속되었다. 나이가 어려 동양 고전의 깊은 뜻을 알지는 못했지만, 신학자가 된 후에도 그가 사서삼경 등 한문책을 자유롭게 인용하고 풀이하면서 글을 쓸 수 있었던 것은 이와 같은 유교식 교육 덕분이었다.

　유교식 교육을 철저히 받던 소년 김재준에게 있어 기독교란 공맹(孔孟)의 정도를 벗어난 사상이며 전통을 해치는 이단이었다. 어린 시절 이와 같은 기독교에 대한 부정적인 사고는 부친의 영향 때문이었다. 소년 김재준과 그의 부친 김호병이

김재준의 19살 모습. 그는 18살에 부모의 요청에 의해 생면부지의 여인과 결혼했다.

기독교에 대하여 어떻게 생각했는지를 보여주는 일화가 있다.[8]

김재준이 일곱 살쯤 되었을 때, 성경을 팔러 다니는 매서인겸 전도인이 저녁때 그의 집을 방문했다. 그는 김재준의 부친 김호병에게 자신이 전도인이라고 소개하고 예수를 믿으라고 권했다. 그리고 천지창조부터 시작하여 구약과 신약의 이야기를 두 시간가량 장황하게 늘어놓으면서, 하나님의 아들 예수를 믿으면 천당에 가고 믿지 않으면 지옥에 간다고 말했다. 김호병은 가만히 듣고 있다가 가끔 "나는 공맹지도(孔孟之道)를 믿는 사람이오"하고 대답했다. 그럼에도 불구하고 전도인은 공자님이 믿는 하늘(天)이 곧 하나님이라고 하면서, 하늘에 순종하면 흥하고 거스르면 망한다는 둥, 아침에 도(道)를 들으면 저녁에 죽어도 좋다는 둥의 그 도가 바로 하나님의 말씀이며 이에 순종하면 천당길이 열린다면서 설득했

---

8) 김재준, 『인간이기에』, 서울: 향린사, 1968, 207-209쪽.

다. 전도인의 계속되는 설득을 듣다 못한 김호병은 다음과 같이 말하며 자리를 떴다.

"나같이 공맹의 정도를 따르는 사람에게는 예수교이 공맹의 말씀과 비슷한 것이 있다 셈 치더라도 '이단'으로밖에 생각되지 않으니 귀를 기울이는 것만큼 도 닦는 데 손해 볼 것뿐일 것 같소. 이제 그만 해두시오. 말을 많이 해서 되는 것도 아니니, 원로에 피곤도 하실 거고 진지나 잡수시고 편히 쉬어가시지요."

김재준의 집에서 하룻밤을 묵은 전도인은 다음 날 아침에 또다시 김호병을 설득했지만 허사였다. 그렇지만 그는 국한문 신약성경 한 권을 주고 가면서 다음과 같이 말했다.

"주인장께서는 안 믿어도 후에 자손들 중에서 믿는 사람이 생길지 모르니 이 성경을 잘 간직해 두시오."

김호병은 전도인이 말을 많이 하는 것을 좋지 않게 여겼고, 유교전통을 떠나는 것이 도리에 어긋난다고 생각했다. 김호병의 이와 같은 기독교에 대한 부정적인 생각은 유교식 교육을 철저히 받고 있던 소년 김재준에게 그대로 영향을 주어, 그 또한 말을 많이 하는 전도인을 경멸하면서, 자신은 결코 예수쟁이가 되지 않겠다고 스스로 맹세하기까지 했다. 그러나 회심한 후 김재준은 바로 이 전도인이 주었던 신약성경을 열심히 읽었다. 김재준의 형이 이를 잘 보관해 두었기 때문이었다.

그는 다른 전도인들이 주고 간 '쪽 복음'(신약성경의 복음서를 한 권씩 엮은 책) 등은 뜯어서 담배를 말아 피우거나 없애 버렸지만, 이것은 큼직한 책으로 되어 있었기 때문에 궤짝 속에 깊이 간직해 두었던 것이다.

외가와 신식교육

김재준이 아홉 살쯤 되었을 1910년경, 그의 외가 동네인 함경도 경원 함향동에 신식 교육기관이 세워졌다. 외가 쪽 사람들이 적극 참여하여 만든 사립 소학교인 향동학교였다. 김재준은 외사촌 형들이 그의 부모를 찾아와 적극적으로 설득한 덕분에 이 학교에 입학할 수 있었다. 그러나 어린 나이에 30리가량 떨어진 함양동의 학교까지 집에서 걸어 다닌다는 것은 어려운 일이었다. 그리하여 그는 부모와 떨어져 외가에서 학교를 다니게 되었다.

김재준은 나이도 있고, 집에서 글도 깨쳤기 때문에 3학년으로 편입할 수 있었다. 그를 가르친 선생은 친척인 김희영이었다. 김희영은 열렬한 민족지사였기 때문에 학생들에게 일반 과목뿐만 아니라 조선의 현실과 독립운동 등에 대해서도 가르쳤다. 일본인들의 명성황후 시해, 한일합방의 부당성, 개화파 사람들의 활동, 이준 열사의 할복 등을 언급하면서 다음과 같이 호소했다.

"사천 년 역사와 이천 만 민족이 이런 굴욕을 당해야 하느냐? 지금도 애국지사들이 해외에서 독립을 위해 싸우고 있다. 제발 여러분은 정신을 똑바로 가지고 대를 이어 싸워라."

이는 김재준을 포함한 당시 어린 학생들에게 민족애를 심어주기 위한 것이었다. 그는 2년 동안 이 학교에 다니고 최우등으로 졸업했다.

향동학교 시절 김재준은 기독교에 관심이 생겨, 그 정체가 무엇인지 전도인이 아닌 사람으로부터 듣고 싶었다. 그리하여 기독교인은 아니었지만, 기독교에 대해서 잘 알고 있던 한 학생에게 부탁하여 예수에 관한 이야기를 들었다. 그 학생은 예수가 유대인으로 하늘나라를 가르치다 잡혀 십자가에 달려 죽었다가 사흘 만에 다시 살아나 기독교를 세웠다고 말하지만, 자신은 믿지 않는다고 말했다. 이 이야기를 들은 김재준은 예수의 부활에 대해 흥미를 느꼈으나 일시적인 관심일 뿐이었다.[9]

향동학교를 마치고 집에 돌아와 있던 김재준에게 다시 신학문을 접하게 해준 사람 역시 외가 쪽 친척이었다. 외사촌 형인 채규홍은 그를 고건원에 새로 세워진 공립 보통학교의 3

---

9) 앞의 책, 210-211쪽.

학년으로 편입하도록 강권했다. 그리하여 김재준은 다시 외가에 머물면서 2년 동안 이 학교를 다녔다. 고건원은 향동에서 20리가량 떨어져 있었기 때문에 걸어서 다니기가 쉽지 않았다. 그러나 두 살 아래 외조카이자 같은 반 급우였던 채관석과 함께 이 학교에 다녔기 때문에 쓸쓸함을 덜 수 있었다. 김재준은 졸업할 때에 역시 최우등이었고 도지사 상까지 받았다. 어려운 한문을 어려서부터 읽었던 덕분에 소학교 공부가 그에게는 매우 쉬웠고, 더구나 그는 이미 향동학교에서 소학교 과정을 이수했기 때문이었다.

고건원보통학교는 공립으로 일본인이 교장으로 있었지만, 김재준을 담임한 한국인 교사는 학생들에게 민족정신과 민족애를 불어넣는 말을 하기도 했다.

"너희들은 왜족이 아니라, 조선민족인 걸 잊지 말아야 한다. 범의 굴에 들어가도 정신만 차리면 산다. 정신을 똑바로 가지고 제 혼을 잃지 말아야 한다."

이 말은 김재준의 마음에 오래도록 기억되었다.

보통학교를 마치고 집에 돌아와 한 달 정도 지났을 때에 외가 쪽 사람들은 김재준에게 또 다른 교육의 기회를 갖게 해 주었다. 그의 나이 13살부터 16살까지 3년 동안 회령읍에 있던 간이농업학교에 다니게 된 것이었다. 회령은 그의 집에서 사흘 정도 걸어야 갈 수 있었기 때문에 그는 학교 근처에서 하숙을 하며 지냈다. 농업학교에서는 농업과목뿐만 아니라, 조선어와 한문도 가르쳤다. 특히 한문을 가르치던 최 선생이란 분은 조선의 역사, 퇴계, 율곡, 이 충무공 등의 글을 읽어 주면서 학생들에게 민족애를 심어주려고 노력했다. 이곳에서의 성적도 우수하여 김재준은 졸업할 때에 최우등상과 도지사 상을 받았다.

직장생활과 결혼

회령 간이농업학교를 졸업한 김재준은 곧바로, 그의 친척이자 향동학교에서 그를 가르친 김희영의 추천으로 회령군청 재무부 직세과에 임시직으로 취직하였다. 김희영은 교사생활을 하다가 보통문과시험에 합격해 판임관이 되어 회령군청 직세과에 근무하고 있었다. 김재준의 임무는 관내를 돌아다니면서 양조장 관리, 밀주 단속, 담배 무허가 경작 단속 등을 하는 것이었다. 그는 이 일을 하면서 사회생활이 무엇인지, 사람들이 얼마나 어렵게 사는지, 당시 공무원들의 술 문화와 성 문화가 어떠한지 등을 경험할 수 있었다.

직세과에 근무한 지 만 3년이 되었을 때, 그리고 그의 나이 18살이 되었을 때 집에서 연락이 왔다. 당시의 풍습대로 집안 어른들이 정해 놓은 신부와 결혼식을 치르기 위해 귀가하라는 것이었다. 신부는 김재준의 고향에서 15리쯤 떨어진 곳에 사는 회암동의 농부 장석연의 맏딸 장분여였다. 그녀는 "성격이 무던히 대륙적이고 좀처럼 감정을 나타내지 않고 아무리 어려워도 말없이 오래 참는" 성격의 소유자였다.

결혼식 날짜는 음력 8월 29일로 열흘밖에 남지 않았다. 그는 결혼식 나흘 전 회령읍에서 출발하여 120리가량을 걸어서 갔는데, 혼례 전날 밤이 깊어서야 겨우 집에 도착할 수 있었다. 그리고 다음 날 집안 어른들의 뜻대로 집 뜰에서 유교식 전통 혼례를 치렀다. 소위 신식교육을 7년 동안이나 받고 군청에서 근무하는 신식 젊은이였지만, 집안의 유교식 전통은 거스를 수 없었던 것이다.

당시 그 지역의 풍습에는 첫날밤 신랑이 신부에게 무언가 첫 말을 해야 하며, 그 말은 매우 중요한 의미를 가졌다. 신랑 김재준은 신부에게 무슨 말을 해야 할지 몰라 답답했다. 그러다 얼떨결에 이렇게 말했다. "나는 이제부터 공부도 해야겠고 나돌아 다니기만 할 것 같은데 당신은 집에서 어른들 모시고 식구들과 의좋게 몇 해만 기다릴 수 있겠소? 그래야 할 것 같은데 ……." 결혼은 했지만 당분간 함께 살 수 없고, 신부 혼자 시집에서 지내야 한다는 것이었다. 그리고 자신은 집을 나가 나돌아 다니겠다는 것이었다. 이 말을 들은 신부는 또박또박 대답했다. "내야 이제 이 댁사람이고 당신 사람인데 그런

걸 왜 물으시오?"

　유교적인 전통에 익숙한 신부의 답변이었다. 결혼한 이상 신부는 신랑 집에 속하게 되고, 남편이 하라는 대로 하는 것이 아내의 도리이기에 순종할 터이니 좋을 대로 하라는 것이었다.

　결혼하자마자 김재준은 회령군청에서 웅기 금융조합으로 전직했다. 결혼을 하고 직장을 옮겼지만, 그의 세속적인 삶은 별로 달라진 게 없었다. 왜냐하면 아내는 창꼴 집에 두고 혼자 하숙하면서 지냈기 때문이다. 그는 금융조합과 관련된 상인들이나 사회 청년들과 어울리고 술집이나 요정 등을 드나들기도 하면서 세월을 보냈다.

　그러던 중 김재준의 삶에 깊이 영향을 준 세 가지 사건이 있었다. 첫째는 무역상 겸 잡화상을 하던 30대 청년 김기련을 만난 것이다. 당시 웅기는 무역상으로 가장한 독립투사들이 두만강을 건너 만주나 시베리아로 가는 길목이었는데, 김기련의 대성상회도 그들이 활용하는 가게였다. 따라서 김재준이 김기련의 집에 가면 독립투사들을 만날 수 있거나「독립신문」 등을 읽을 수 있었다. 어느 날 김기련은 상점을 정리하고 시베리아로 가서 독립군에 가담했다. 이를 본 김재준은 자신도 어디론가 떠나고 싶은 마음에 들떴다. 또한, 일본인들 밑에서 심부름이나 하는 자신의 모습이 초라하게 여겨지기도 했다.

둘째는 그가 큰돈을 번 것이다. 남만철도의 어느 일본인 간부가 비밀 서류인 나진지역의 개발 설계도를 미리 입수하여 땅을 사두려 했다. 그리고 이 일을 함북도청 서기인 김희영에게 부탁했다. 김희영은 다시 웅진지역에 있는 김재준에게 부탁했다. 김재준은 거간꾼을 내세워 당시 헐값이던 땅을 40만 평 정도 사주었고 거간료를 톡톡히 챙길 수 있었다.

셋째는 신학수업의 길잡이 역할을 한 송창근을 만난 것이다. 송창근은 12살 때에 집을 나와 간도 와룡동에서 독립군 군관학교를 경영하던 이동휘 선생의 애제자가 되었다. 그러나 얼마 후 이동휘 선생은 운영난으로 학교 문을 닫고 시베리아로 떠났다. 소년 송창근은 함께 가고자 했으나 이동휘 선생은 이를 허락하지 않고 다른 길을 제시해 주었다. "너는 본국에 돌아가서 목사가 되어라"는 것이었다. 그리하여 송창근은 서울에 있는 피어선 성경학교를 졸업하고 남대문교회의 전도사가 되었다. 그러나 독립운동에 대한 그의 생각은 여전하여, 3.1운동 다음 해에 독립의 노래를 작사하여 퍼뜨렸다. 그리고 이 때문에 6개월간 징역을 산 뒤 고향에 내려와 있었다.

송창근의 고향은 웅기에서 5리쯤 떨어진 웅상에 있었는데 일찍부터 교회가 서 있던 동네였다. 그는 고향 교회에서 사흘간 특별 강연회 등을 열기도 했다. 김재준은 이때까지도 교회에 별다른 관심이 없었기 때문에 송창근의 집회에 참석하지 않았다. 그러던 어느 날 송창근이 친히 그의 하숙방에 찾아와 인사를 했다. 그들은 서로 알고 지내던 사이가 아니었다. 그러나 김재준의 백부가 서울에서 한성도서주식회사를 설립하고 『서울』, 『학생계』 등의 잡지나 여러 책을 내면서 출판사업을 하고 있었는데, 송창근은 동향 사람인 그 백부와 서울에서 알고 지냈기 때문에 인사차 찾아온 것이었다.

김재준은 다니던 직장을 그만두고 19세에 서울에 와 3년을 지내면서 신문화를 접하고 기독교인이 되었다.

첫 만남은 그저 인사에 불과했지만, 그 이튿날 길에서 우연히 마주치자 송창근은 김재준에게 서울로 와서 공부할 것을 권했다. "지금 3.1운동 이후 우리 민족은 되살아났습니다. 이제부터 새시대가 옵니다. 김 선생 같은 청년을 요구합니다. 웅기 구석에서 금융조합 서기나 하면 무엇을 합니까? 서울로 올라와 공부하십시오! 서울에는 유명하신 백부님이 계시지 않습니까? 하루 속히 단행하십시오 …… ."

김재준은 이 말을 듣고 다시 마음이 들떴다. 자신이 가지고 있는 돈이면 서울 유학이 가능하리라 생각했다. 그리하여 미련 없이 금융조합에 사직서를 내고 창꼴의 부모님이나 아내에게도 알리지 않은 채 웅기항에서 홀로 서울행 배를 탔다. 1920년, 그의 나이 만 19세가 되는 해이자 3.1운동이 일어난 다음 해였다.

2. 유교인에서 기독교인으로

서울생활과 개종

당시 서울은 인구 15만의 작은 도시였으며, 크기도 사대문 안으로 국한되어 있었다. 사대문 밖은 대부분 초가집으로 구성된 농사를 짓는 시골 동네였다. 김재준은 서울에서 학교 공부를 하려고 했으나, 그동안 받은 교육으로는 원하는 상급학교에 진학할 수 없었다. 그렇다고 20살은 중학교에 들어가기에 너무 많은 나이였다.

김재준은 일반학교 입학을 포기하고 한 학기에 한 학년씩 속성으로 가르치는 중동학교 고등과에 등록하여 공부했다. 그곳은 의학전문학교나 법학전문학교에 들어가기 위해 마무리 공부를 하는 곳이기도 했다. 따라서 그도 의전이나 법전에 들어가는 목표를 세울 수도 있었으나 경제적인 뒷받침이 안 되었고 자신의 소질에도 맞지 않는 것 같아 포기했다.

한 학기를 공부하고 여름방학이 되자 김재준은 고향을 방문하는 백부를 따라 창꼴 집으로 갔다. 이때 그는 어릴 적 '매서인'이 주고 간 신약성경을 형의 궤짝 속에서 찾아 읽었다. 그가 기독교에 관심이 생겨 그랬던 게 아니라, 백부가 발행하는 『학생계』라는 잡지 때문이었다. 당시 이 잡지는 학생들이 방학 동안에 읽어야 할 양서를 앙케이트 형식으로 소개했는데, 여러 사람들이 몇 권씩 추천한 책 가운데 신약성경이 거의 예외 없이 들어가 있었던 것이다. 그리고 이것을 본 김재준은 신약성경에 대한 호기심이 생겼고, 집에 가면 형의 궤짝 속에 숨겨진 신약성경을 읽어보리라 생각했다.

신약성경을 어느 정도 읽어보았지만 김재준은 별다른 감동이나 느낌을 갖지 못했다. 그렇다고 이 책을 무시할 수도 없는 노릇이었다. 왜냐하면 많은 사람들이 읽어야 할 양서로 추천했기 때문이었다. 그리하여 그는 신약성경을 서울로 가져가기 위해 짐 속에 넣어 두었다.[10]

여름방학이 끝날 무렵 서울에는 콜레라가 창궐했다. 아버지는 막내아들의 안전을 염려하여 전염병이 도는 서울로 돌아가는 것에 반대했다. 그리하여 개학한 후 두 달 정도를 집

---

10) 앞의 책, 213쪽.

에서 보내야 했다. 콜레라가 수그러진 뒤 서울로 돌아온 김재준은 속성과 수업에 다시 참여했지만, 그동안 학습 진도가 너무 많이 나갔기 때문에 따라가기가 무척이나 힘들었다. 게다가 학비를 낼 돈도 모자랐다.

그 무렵, 서울 시내 장로교회 연합 사경회가 승동교회에서 열렸다. 강사는 깡패였다가 회심하여 부흥회를 인도하러 다니던 김익두 목사였다. 그가 서울에서 인도하는 집회는 이번이 처음이었다. 웅기에서 김재준의 서울 유학에 불을 지폈던 남대문교회 전도사 송창근은 이 부흥회에 열심히 참석하고 있었다.

사람들도 많이 참석하여 예배당 안이 차고 넘쳐 바깥뜰과 담 위, 그리고 옆집 지붕 위에까지 올라앉았다. 기도로 병이 낫는다는 소문도 있었다. 두 주일가량 계속된 이 부흥회에 김재준은 구경 삼아 호기심을 가지고 참석했다. 사람들이 워낙 많이 모여 웬일인가 하고 가보았던 것이다. 서민적인 언어를 구사하는 부흥사 김익두 목사는 부흥회 마지막 날 「창세기」 1장 1절의 말씀인 "태초에 하나님이 천지를 창조하시니라"를 본문으로 설교했다.

"'닭이 달걀에서 나오고 달걀이 닭에서 나오고' 이렇게 암만 따져도 해결은 없다. 태초에 하나님이 천지를 창조하셨다. (창 1:1) 이것은 사람의 이론이 아니다. 하나님의 선포다. 그럼 하나님은 누가 만들었는가? 누가 만들어서 하나님이라면 그건 만물 중의 하나요, 창조주 하나님은 아니다. 창조주 하나님은 믿음으로 아는 것이고 사람의 이치를 따짐으로 아는 것이 아니다. 자! 여러분! 믿으시오. 그리하면 하나님이 당신 하나님으로 당신 생명 속에 말씀하실 것이오! 그때부터 여러분은 '새 사람'으로 '새 세계,' '새 빛' 속에서 새로운 하나님 나라의 백성이 될 것이오!"

승동교회 예배당 2층 바깥 현관에서, 창조주 하나님을 믿고 새 사람이 되어 새 나라인 하나님 나라의 백성이 되라고 외치는 김익두의 설교는 김재준을 사로잡았다. 배우려는 의지와 새로운 것을 추구하고 싶은 의욕은 있었지만, 낯선 땅 서울에서 구체적으로 어떻게 해야 할지 갈피를 잡지 못하던 가난한 시골 청년의 마음에 김익두의 설교가 감동을 준 것이다. 그러나 그것은 단순한 감정적 감동만이 아니었다. 거기에는 교훈과 계율을 강조하는 유교에 대한 반발, 새로운 질서에 대한 갈망, 사랑과 용서와 영생을 가르치는 기독교에 대한 매력 등이 반영되어 있었다. 그는 훗날 이것을 자신의 내면에 있는 낭만정신, 즉 빡빡한 현실주의와 대비되는 낭만정신의 작용이라고 묘사했다.

"내가 유교 가정에서 혼자 기독교로 개종한 것도 어느 면에서는 이런 낭만정신이 작용한 까닭이 아니었던가 싶어진다.

유교의 그 빡빡한 교훈과 계율을 초월한 '자유하는 영'의 사람으로서의 '낭만' 말이다. 타락자, 인생의 밑바닥에 가라앉은 '찌꺼기 인간'들에 대하는 문책(問責) 없는 사랑의 너그러움, 죽음에서도 절망하지 않고 생명을 노래하며 영원을 모험하는 모습, 무덤을 헤치고 부활한다는 불퇴전(不退轉)의 삶의 의욕 등등이 '젊음'의 생명에 낭만을 불어넣었던 것이 아닐까 생각된다."11)

계율을 강조하는 율법종교로서의 당시 유교에 대한 반발과 이로부터의 해방, 그리고 이에 대한 대안으로서 기독교로의 개종은 김재준뿐만 아니라, 유교에서 기독교로 개종한 사람들이 일반적으로 경험하던 종교 체험이었다. 그것은 또한 율법을 강조하는 유대교에서 기독교로 개종한 사도바울이나, 행위를 강조하는 중세 교회에 반발하여 종교개혁을 일으켰던 마르틴 루터의 종교 체험과도 유사한 것이었다.

김익두 목사의 설교를 듣던 김재준은 그리하여 "옳다! 나도 (예수를) 믿겠다!" 하고 결단했다. "교실에서 탈락한 자연인이 교회에서 위로부터 난 영의 사람이" 되는 순간, 구원을 맛보는 순간, 하나님의 은총을 경험하는 순간, 창조주 하나님의 부르심에 응답하는 순간, 성령의 감동으로 예수를 믿고 따르

---

11) 앞의 책, 217쪽.

게 되는 감격의 순간이었다. 그 순간 김재준의 젊은 가슴은 뜨거워지면서 환희와 희열로 가득 찼다. 종교적 결단이나 회심을 할 때에 경험할 수 있는 것으로, 기독교에서 성령 체험이라 부르는 것이었다. 그의 가슴에는 또한 믿음과 열정이 타올랐다. 그리하여 그는 집에서 가져온 성경책을 열심히 읽었다. 밥은 배불리 먹지 못했지만 성경은 밥 먹듯이 읽었다. 그 말씀은 꿀 송이처럼 달았다. 그리스도인으로, 성령으로 거듭난 사람으로 그가 읽은 성경은 이상한 책이었다.

"문학을 읽는 것같이 상상의 세계도 아니었으며, 철학을 읽는 것같이 사색의 세계도 아니었으며, 역사를 읽는 것같이 사실만의 세계도 아니었으며, 과학을 읽는 것같이 실험과 분석의 기록도 아니었고 동양 종교에서와 같이 음침하고 신비한 것도 아니었다. 그것은 가려졌던 하나님의 세계를 볼 수 있게 하는 책이었고, 기쁨을 주는 책이었으며, 위대한 미래를 눈앞에 전개시켜 주는 책이었다. 읽을 때마다 새로운, 신비한 책이었다."[12]

그는 없는 돈에 찬송가를 사서 불렀다. 기도도 열심히 하기 시작했다. 그는 훗날 당시의 감격을 다음과 같이 기억했다.

"갖고 온 예의 성경은 있었지만 찬송가는 없었다. 찬송가까

---

12) 김재준, 「순례의 길(2)」, 『십자군』 6, 1952/2, 21-22쪽.

지 사서 손에 든 때에 내 가슴속에는 무언가 뜨거움이 타올랐다. 기도하기 시작했다. 고요한 장소를 보면 기도할 의욕부터 생긴다. 성경을 밤새가며 읽었다. 감격해서 뻘겅 연필로 줄을 무턱대고 그으면서 탐독했다. 전도하고 싶은 생각이 불현듯 일어났다. 삶의 방향이 달라졌다. 그 의미도 달라졌다. 그 전 생활은 '분토'같이 여겨졌다. 나는 '새 사람'이 됐다고 느꼈다. 10년 전 아버님 '서당방'에 들렀던 '방랑 전도자'의 예언이 이루어졌다. …… '씨를 심을 때에 나지 아니할까 …… '하는 찬송가를 부르며 그 전도자를 기억했다. …… 일본말로 된 기독교 서적들을 탐독했다. 분간 없이 다 좋았다. 가가와고 우찌무라고 모두가 옳고 훌륭한 것 같았다. '예수'를 중심한 것, '그리스도'를 위한 것이라면 무어든 고맙고 감격스러웠다."13)

신앙의 열정에 휩싸인 젊은 김재준은 아버지를 전도하기 위하여 거의 매 주일마다 장문의 편지를 써보내기도 했다. 자기에게 유교의 계율과 교훈을 가르치며 이를 철저히 지킬 것을 당부했던 유학자 아버지, 그리고 어린 시절 기독교를 배척하도록 영향을 준 아버지가 자신처럼 기독교 신앙인으로 개종하기를 원했던 것이다. 그러나 아버지의 답장은 그가 원하는 내용이 아니었다.

---

13) 김재준, 『인간이기에』, 214-215쪽.

"네가 부모 형제까지도 파리변사(巴籬邊事)로 여기고 무부무군(無父無君)의 묵적(=墨子)의 도를 따르니 마음이 아프다. 아마도 네가 '환장'한 것 같다."14)

아버지의 부정적인 응답에도 불구하고, 김재준은 자신의 종교 체험의 감격을 억누르거나 무시할 수 없었다. 그는 이러한 체험이 병아리가 달걀껍질을 깨고 나오듯이 '영의 사람'이 '자연인'의 껍질을 깨고 다시 탄생한 것이라 생각했다. 그리고 그러한 거듭남은 '환장' 정도가 아니라고 독백(獨白)했다.

회심을 경험한 김재준은 종로에 있는 YMCA회관에서 거의 매일 지냈다. 당시 이상재, 윤치호, 신흥우 등이 이끌던 YMCA는 젊은이들과 민중들에게 민족의식을 깨우치고 민족문화를 발굴하였으며, 기독교의 사회참여를 실현했다. 김재준은 매주일 오후 두 시에 열리는 교양강좌에 빠짐없이 참여하여 명사들의 강연을 들으며 종교와 민족의 문제들에 대해서 배우고 생각할 수 있었다. 그리고 평일에는 잡지실에 들러『개조』, 『중앙공론』등과 같은 잡지를 읽으며 지적인 욕구도 충족했다.

무일푼이어서 마땅히 갈 곳이 없던 그에게 YMCA회관은 좋은 쉼터요 신문화를 접할 수 있는 장소였다. 또한, 그는 YMCA 영어 전수과 3학년에 들어가 1년 정도 다니기도 했다.

---

14) 앞의 책, 215쪽.

이때 정경옥(1903-1945)도 같은 반에 있었는데, 그는 훗날 미국에서 유학한 뒤 감리교신학교 교수가 되었다. 김재준은 영어 전수과를 졸업하기 위해 졸업시험도 치렀다. 그러나 그는 졸업장을 받을 수 없었다. 성적은 첫째였지만 1년 내내 수업료를 내지 못했기 때문이었다.

기독교로 회심한 뒤 정신적·종교적 갈증을 어느 정도 적신 김재준에게 자신의 내면과 현실에 불만스럽게 누적되어 온 결혼문제를 해결해야 하는 중요한 숙제가 주어졌다. 당시 중학생들 대부분은 유교적인 조혼의 희생자여서 연애결혼에 대한 동경심을 가지고 있었기 때문에, 사회적으로 허용되지 않는 이혼을 무리하게 강행하느냐, 아니면 억지로 화해하여 계속 사느냐 사이에서 속병을 앓고 있었다.

김재준도 자신의 의지와는 무관하게 이루어진 조혼의 희생자였다. 그리고 이 문제를 해결할 겸, 결혼에 대한 자신의 의지를 공개적으로 표명할 겸, 이에 대한 글을 써서 『학생계』의 학생 현상 문예란에 투고했다. 글의 제목은 「이혼하려는 젊은 이들에게」였다. 이 글에서 그는 남편의 일방적인 이혼은 한 여인의 존엄성, 자유, 평등을 침해하는 비극이기 때문에 재고해야 한다고 주장했다. 한 인간으로서의 아내의 인생을 고려해서 이혼하지 말아야 한다는 것이었다.

"…… 그 가문에서 버림 받는 순간 그녀의 삶은 무(無)가

된다. 이혼이라는 관문의 빗장을 붙잡고 몸부림치는 젊은이의 처지는 비극이다. 그러나 '이혼당한 아내'란 여인의 경우는 더 큰 비극이다. …… 위대한 미래를 꿈꾸는 학생으로서 자기를 하늘같이 믿고 목숨같이 아끼는 한 인간을 짓밟고 내쫓고서 민족이나 국가를 말할 수 있겠는가? 그건 진짜 철면피가 아닐 수 없다. 이혼의 유혹을 극복하지 못하고서 민족과 나라를 말하지 말라!"[15]

자신의 행복을 위한 이혼 때문에 한 인간의 삶을 비극으로 만들고 어떻게 민족과 나라를 논할 수 있겠는가 라는 호소는 곧 자신에 대한 고발이었다. 그리고 이것은 인간의 존엄성과 자유, 책임, 남녀평등에 대한 청년 김재준의 시각이 잘 반영된 것이었다. 그의 글은 2등으로 당선되어 『학생계』에 실렸다. 난생 처음으로 자신의 글이 공개적인 잡지에 실린 것이다. "글을 써낸다는 것은 쓴 사람이 그만큼 스스로의 삶에 책임진다는 것을 의미한다"는 그의 생각처럼, 김재준은 부모가 맺어준 아내와 일생을 함께했다.

김재준의 서울생활은 가난했다. 경제적인 도움을 기대할 수 있었던 백부의 출판사업도 경영난에 허덕였고, 장도빈 선생이 창간한 『조선지광』이라는 잡지의 출판을 돕기도 했지만

---

15) 김재준, 『범용기: 장공 김재준 자서전』, 서울: 풀빛, 1983, 46쪽.

급여를 한 푼도 받지 못했다. 하숙비가 밀려 추운 겨울에 쫓겨난 김재준은 함박눈을 맞으며 밤새 서울 거리를 방황했다. 혜화동 언덕을 넘어 돈암동 벌판으로 가기도 하고, 한 걸인을 뒤따르며 그가 예수님의 화신이 아닐까 하고 생각해 보기도 했으며, 시구문 밖 공동묘지에 가서 천주교 순교자들의 묘를 보며 자신도 이런 순교자였으면 하는 생각을 하기도 했다.16)

김재준은 돈과 가난에 대해서도 생각했다. 그는 돈에 대해서 비굴해지기보다는 "애당초부터 돈을 멸시하고 오직 믿음과 사랑으로 청빈(淸貧)"의 삶을 살자고 결심했다. 많이 소유하여 편하게 사는 것보다 소유욕에 도전하여 고생하며 사는 것이 더 정신적이고 영의 자유를 누리는 인간상이라고 생각했던 것이다.17) 그는 또한 그러한 자신의 모습을 예수의 삶과 일치시키고 싶었다. 그리하여 "돈과 하나님을 함께 섬기지 못한다", "여우도 굴이 있고 공중에 나는 새도 깃들일 곳이 있지만 나는 머리 둘 곳이 없다"는 예수의 말을 기억했다. '영의 자유'를 십이분 발휘할 수 있는 인간이기 위해서는 '물질적인 소유'에 자기의 삶을 얽매여서는 안 된다고도 생각했다. 또한, 바울의 말을 빌려, "돈아, 네 권세가 어디 있느냐?"고 호통을 치고 싶었다.

---

16) 김재준, 『인간이기에』, 220쪽.
17) 앞의 책, 218쪽.

김재준의 이러한 돈에 대한 생각과 청빈에 대한 사고는 그 무렵 그가 읽었던 몇몇 책에서 영향받은 바가 컸다. 그는 당시 『톨스토이 십이경』이란 책과 성 프랜시스 전기, 가가와 도요히꼬[賀川豊彦]의 고오베 빈민촌생활에 관한 책 등을 읽었는데 모두 가난과 청빈의 삶을 가르치는 것이었다. 이 중에서도 특히 이탈리아인인 아씨시의 성 프랜시스(St. Francis of Assisi, 1182?~1226)는 김재준이 평생 가장 존경하는 위인이자 잊을 수 없는 인물이었다.

김재준이 이해한 성 프랜시스는 일본의 작가 미야자끼가 쓴 『아씨시의 성 프랜체스코』라는 책을 통해서였다. 김재준은 아씨시의 성자의 삶을 낭만적으로 이해했는데 그 줄거리는 이러하다.

"'프랜체스코'는 부잣집 맏아들로서, 무사(武士), 환락가의 인기 청년으로서 화려한 일생을 약속받은 터이었지만, 한때 병석에서 인생의 하염없음을 느끼고서는 병이 회복되자 삶의 방향이 온전히 변해 버렸다는 것이었다. 어느 이른 봄, 움부리아의 허물어진 성터에 돋아나는 앳된 싹을 만지며 무일푼의 설교자 그리스도를 사모했었다는 것이다. 그래서 자기를 둘러쌌던 부와 향락과 인기와 호사 등등 마술의 쇠사슬을 끊고 자유인이 되려고 결심했다는 것이다.

초라한 성당 제단 앞에서 혼자 맹세한 '고독자'는 혼자 됨을 축복으로 여겼다. 그리고서 거지 떼에 섞여 그들과 옷을 바꿔 입고 집에 돌아온 그는 아버지의 집에서 쫓겨나고 족보에서 제거되었다는 것이다. 그는 그때부터 늙어 죽을 순간까지 '무소유의 방랑 성자'로 지냈다. 평생을 누덕 옷에 새끼 띠를 띠고 무일푼의 탁발승으로 이 집 저 집 다니며 마당을 쓸고 변소를 닦으며 쥐어 주는 찬밥 한 줌에 감격을 느끼면서 살았다는 것이다. 그에게 있어서 '해'는 형제요 '달'은 자매였다. 사나운 이리도 그의 앞에서는 순한 강아지처럼 머리를 숙였다 한다. 마감에 찾아온 '죽음'도 그에게는 사랑하는 친구였다. '내 사랑하는 형제 죽음이여!'하고 그는 사랑으로 죽음을 껴안았다는 것이다.

어떻게 그럴 수가 있을까? 그것은 그가 소유욕을 전적으로 포기했기 때문에 얻어진 '자유'였다고 나는 생각했었다. 무아해탈(無我解脫)의 자비행이라고 보았다."[18]

김재준은 훗날 「잊을 수 없는 사람들」이란 글에서 세 사람을 드는데, 이때에도 월남 이상재, 송창근과 함께 성 프랜시스를 꼽았다.[19] 그는 성 프랜시스에 대해서 논하기를, "내가 정신적으로 '만났다고' 할까, 어쨌든 내 젊은 시절에 결정적으로 감화를 남긴 분은 아씨시의 성 프랜시스였다. 그 꾸밈없

---

18) 앞의 책, 218-219쪽.
19) 앞의 책, 82-85쪽.

는 사랑의 생활, 그 '청빈'이라는 아가씨와의 결혼, 그 어린애 같이 단순하면서 무사같이 용감한 '무일푼'의 행각생활이 몹시 '동양적'인 데 맘이 흐뭇했었다. 동양에서 그리스도가 다시 난다면, 서양에서와 같은 교리체계보다도 이런 단순 철저한 사랑의 생활을 내세울 것이 아닐까하고 '낭만'을 찬양하던 일이 생각난다. 그는 천주교의 테두리를 벗어나지 않았다. 그러면서도 그는 모든 사람에게 사랑을 받고 있다. 그것은 그가 모든 사람을 사랑했기 때문이다"라고 말했다.

성 프랜시스는 김재준의 학형이자 평생 잊을 수 없는 사람 중의 하나인 송창근도 제일 존경하는 인물이었고, 그의 친구 한경직 또한 존경하는 인물이었다. 장로교 목사였던 이들이 장로교의 창시자인 존 칼빈(John Calvin)보다 아씨시의 성자를 더 존경하였다는 것은, 이들이 젊은 시절 교리나 신학보다도 실제적인 삶의 문제에 대해서 더욱 진지하고 심각하게 고민했었다는 것을 말해준다.

김재준은 성 프랜시스와 같은 청빈의 삶을 동경했기 때문에 하숙비를 내지 못하는 처지에도 거리에서 떨고 있는 거지에게 집에서 보내온 솜바지 저고리를 몽땅 주기도 하고, 하숙집에서 쫓겨나 눈 오는 밤거리를 혼자 걷는 자신의 모습을 비참하다고 생각하기보다는 도리어 '무소유의 낭만'이라며 스스로 노래하기를 원했다. 삶의 고통과 어려움을 자유와 낭만의 모습으로 해소하고 승화시키려는 가난한 청년의 노력이었다.

하숙집 문제는 한 방에서 같이 유숙했던 친구 김영구가 겨울방학을 고향에서 보내고 돌아오자 해결되었다. 김재준보다 한두 살 아래였던 김영구는 함북 경흥읍교회 장학생으로 서울 유학중에 있었는데, 김재준의 사정을 다 듣자 자신의 학비를 몽땅 털어 밀린 하숙비를 내주고 이부자리를 찾게 해주었던 것이다. 그리고 하숙집을 옮겨 함께 유숙했다. 그러나 김재준은 이렇게 진 신세를 갚지도 못한 채 그의 죽음을 맞이해야 했다. 얼마 후 김영구가 장질부사에 걸려 죽은 것이다. 그가 20살이 되는 설날이었다. 이것은 김재준에게 큰 충격이었다. 그리하여 그는 내세, 죽음, 인생의 허무함 등을 진지하게 생각하게 되었고 타계적인 신앙, 즉 죽음 저편에 약속된 영원한 천상 세계에 대한 믿음을 깊이 받아들이게 되었다.

친구 김영구가 죽은 지 며칠 안 되어 김재준은 승동교회를 담임하고 있던 김영구 목사에게 세례를 받았다. 김영구란 친구 때문에 동명이인인 김영구 목사에게서 세례를 받은 것이다. 예수를 믿은 지 3년이 지난 때였다. 그가 이렇게 늦게 세례를 받은 것은 성령세례를 받았다는 경험이 있는데다 물세례는 형식에 불과하다는 생각 때문이었다. 또한, 세례를 받았다는 그리스도인들이나 심지어 교회 제직들에게서까지도 인간의 거듭남에 대한 별다른 특이점을 찾지 못했기 때문이었다. 그러나 친구 김영구의 장례식을 인도하여 준 목사님의 설득은 강경했다. 결혼식처럼 세례식도 예수의 사람이 되었다는 것을 교회에 공적으로 선포하는 것이므로 반드시 세례를 받아야 된다는 것이었다. 김재준은 이에 순종하며 세례를 받았다. 그리고 훗날 김영구 목사의 이러한 신앙 지도를 매우 감사하게 생각했다.

세례를 받은 지 얼마 후, 친형이 하숙집으로 찾아왔다. 그를 집에 데리고 가기 위해서였다. 김재준은 이때 만성 대장염, 이질, 기침 등이 겹치면서 몸이 많이 상한 상태였다. 그리고 돈도 없는 형편임에도 불구하고 기회만 있으면 일본으로 건너갈 궁리만을 하고 있었다. 이러한 사실을 안 백부는 김재준을 염려하여 고향집에 연락해 그를 데려가게 한 것이다. 그는 이스라엘이 바벨론에 포로로 잡혀가는 심정으로 집으로 향했고, 형은 동생이 혹시 도망갈까 봐 기차역으로 가는 동안 손목을 놓지 않았다. 3년 동안의 서울생활을 마감하는 순간이었다.

고향에 돌아가

창꼴 집에 돌아온 김재준은 거의 반년 동안 몸을 추스르는 데 시간을 보냈다. 그러고 나자 아픈 곳도 나았고 몸도 건강하게 회복되었다. 그러나 마음은 몹시 불편했다. 예수쟁이가 된 자신과, 여전히 유교전통을 고수하는 부친의 생각이 달랐기 때문이었다. 더군다나 부친은 공맹지도(孔孟之道)를 정도(正道)로 지킨다고 하면서도 풍수설 같은 이단에 관심이 있었기 때문에 김재준의 불만은 더욱 컸다. 따라서 부친이 풍수설을 이야기할 때면, 풍수설을 모르는 서양인이나 일본인보다 우리 민족이 더 나은 게 무어냐고 묻기도 했다. 또한, 부친을 지지하고 있던 형에게는 조상의 유골에서 덕을 보려는 심사가 비겁하다며 대들기도 했다.

김재준의 부친이 기독교를 거부하는 데에도 이유는 있었는데, 그것은 음양론(陰陽論) 때문이었다. 그에 의하면 동양은 음이고 서양은 양에 해당한다. 서양인은 양기가 북받쳐서 고요할 줄 모르고 살벌과 정복에 날뛰는데 이러한 그들의 양기를 다스리기 위해서는 예수의 절제와 희생, 십자가의 도가 필요하지만, 동양인은 음이라 원래 온유하고 평화로우며 살벌함을 좋아하지 않는데 이런 사람들에게 예수의 희생정신까지 덮어씌운다면 더욱 무력하게 된다는 것이다. 그는 또한 예수를 성인으로 부르는 것도 거부했다. 왜냐하면 성인이라면 언행에 과불급(過不及)이 없어야 하는데 예수는 과격한 청년이었기 때문에 성인이 아니라는 것이다.

가족들과 종교문제로 부딪치자 김재준의 심정은 갈수록 더욱 괴로웠으며, 마치 귀양살이와도 같았다. 이때 그는, "나는 평화가 아니라 분쟁을 주러 왔다"는 예수의 말을 생각하면서 자신의 처지도 예수 때문에 이렇게 되었다고 믿었다. 이러한 생각은 좌절보다는 그리스도인으로서 자신의 정체성을 더욱 확실하게 잡아주는 계기가 되었다.

그러던 중 집을 떠날 수 있는 기회가 왔다. 두만강 하류 강변에 있는 용현학교에서 그를 교사로 초빙한 것이다. 그는 이곳에서 아이들을 가르치고 톨스토이의 책 등을 읽으면서 두만강의 자연을 즐겼다. 학교에 부임한 지 반년 정도 지나 어느 정도 학생들과 정도 붙고 주민들과도 가까워져서 보람을 느낄 무렵이었다. 창꼴 집에서 10리쯤 떨어진 귀낙동의 학교가 다시 문을 열고 김재준에게 가르칠 것을 부탁하는 연락이 왔다. 기와집 한 채로 이루어진 이 학교는 개화운동이 한창일 무렵 세워졌다가 3년 만에 폐교되는 바람에 아이들은 새로 생겨난 서당에서 글을 읽고 있었다.

김재준은 고향 사람들을 생각하여 용현학교를 그만두고, 귀낙동학교를 시작했다. 그곳에서 김재준은 오촌 조카 희용과 다른 젊은이와 교사생활을 함께했다. 셋은 초·중·고, 세 반을 각각 맡아 가르쳤는데, 학생들은 110여 명쯤 되었다. 그가 맡은 고등반은 스물 두세 살 된 어른들도 있었다. 학교를 시작한 지 어느 정도 시간이 흐르자 유교가 뿌리 깊은 지역이라

조심스러웠지만, 주일학교를 시작하고 청년들을 모아 예배도 드렸다. 이때 믿게 된 학생들 가운데 장기형, 안세민, 김내명 등이 후일에 목사가 되었다.

창꼴 집에서 10여 리를 통근하던 김재준은 평일에는 학교일과 주일에는 교회일로 바빠지자, 귀낙동학교 옆에 있는 김기련의 집에서 하숙을 시작했다. 김기련은 웅기에 있을 때 친구였는데 당시에는 시베리아에서 독립운동을 하고 있었다. 그의 가족으로는 어머니와 부인, 그리고 귀낙동학교 고등과 3학년에 다니는 외동딸이 있었다. 그가 이 집에서 하숙하며 지내자 사람들은 입방아를 찧기 시작했다. 남편이 없는 젊은 부인 집에서 학교 선생이 유숙하는 것이 이상하다는 것이었다. 김재준보다 두세 살 위이고 어느 정도 지성을 갖춰 말상대도 될 수 있었던 김기련의 아내는 세 끼 밥상을 챙겨주고, 학교에서 밤늦게 돌아오면 새 이부자리를 깔아놓을 정도로 잘 대해주었지만, 그것은 완전한 오해였다. 그는 그 여인에 대해 연민의 정을 느끼고 있지 않았다. 그러던 어느 날 부친이 찾아와 오해받지 말고 빨리 김기련의 집에서 나오라고 강권하였다. 그리하여 그는 하는 수 없이 다시 창꼴 집에서 10리 길을 통근하며 다녔다.

김기련의 집에서 하숙하고 있을 때, 동네 청년들이 예수쟁이 교사를 쫓아낸다고 몽둥이를 들고 시위를 하기도 했다. 일부 학부모들도 자녀들을 학교나 주일학교에 가지 못하게 하여 학생들이 줄어들기도 했다. 유교전통이 깊숙이 자리 잡고 있는 사람들에게 나타나는 주일학교, 교회, 신학문 등에 대한 자연스런 반발이었다. 이런 가운데서도 김재준은 학교 교실에 앉아 열심히 기도하며 이겨냈고, 주일학교와 예배도 중지하지 않았다.

그러던 중, 일본에서 송창근으로부터 편지가 왔다. "그만큼 촌에서 일했으니 이제부터는 네 공부를 해야 하지 않느냐. 다들 고학하는데 넌들 못하겠느냐"는 내용이었다. 여비만 마련되면 덮어놓고 일본으로 건너와 공부를 시작하라는 것이었다. 김재준은 일본으로 갈 여비가 필요했다. 귀낙동학교에서의 수입으로는 부족했다. 그리하여 그는 학부형들의 만류를 뿌리치고 창꼴 집에서 30리쯤 떨어진 신아산소학교로 옮겼다. 이 학교는 정식 인가된 4년제 소학교인데 학생들은 100명쯤 되었고 교사는 셋이었으며 월급도 제대로 주었다. 학교 부근에는 경찰서, 헌병대, 한 소대의 군인들도 주둔하고 있었다. 그는 재한 일본인들의 조선어 학습 붐 덕분에 이곳의 일본인들에게 한글도 가르치며 적잖은 사례금도 받았다. 부친은 김재준의 아내를 이곳으로 보내 아내와 처음으로 함께 생활하게 되었다.

신아산학교에서 6개월쯤 지내자 일본 동경까지 갈 여비가 마련되었다. 웅기에서 알던 친구 김예근이 겨울방학 동안 집에 돌아왔다가 히로시마중학교로 복귀하면서 함께 일본으로 가자고 찾아왔다. 이제는 정말 일본으로 가는 일만 남았다. 그는 학교에 사표를 내었다. 창꼴 집에는 들르지 않기로 했다. 거추장스러울 것 같았기 때문이었다. 6년 전 서울에 유학 갈 때에도 그랬는데, 이번에도 마찬가지였다.

문제는 만삭이 된 아내였다. 그는 아내를 설득하기 위하여 이광수의 「무정」, 「유정」 등의 소설을 인용하면서 달콤한 말로 장시간 이야기했다. 그리고 다음 날 아내와 함께 집을 나섰다. 친정 회암과 항구가 있는 웅기로 가는 갈림길에서 둘은 서로 뒤돌아보지 않기로 하고 헤어졌다. 만삭이 된 아내는 뚱뚱해진 배에 무거운 살림 짐을 머리에 이고 울상이 되어 친정으로 향했다. 김재준도 웅기를 향해 걸었다. 무정한 자식, 비정한 남편의 모습으로.

3. 큰 마음 큰 뜻을 품고

일본 청산학원

 1926년 봄, 동경에 도착한 김재준은 청산(青山, 일본어로 '아오야마'라고 함)학원 신학부 졸업반에서 공부하고 있던 송창근을 찾아갔다. 그의 수중에는 5원 50전밖에 없어 달리 갈 데도 없었다. 송창근은 김재준을 보고 당황했다. 갑자기 나타났기 때문이기도 하지만, 손가방 하나도 없이 수중에 단돈 5원 50전만 가지고 있었기 때문이었다. 그러나 송창근은 동향의 후배를 기숙사 자기 방에 머물게 하고 식사도 기숙사 식당에서 자신의 손님으로 먹게 했다. 이것은 규칙에 어긋나는 것이었지만 다른 방법이 없었다.
 송창근의 방에서 몇 주일을 지낸 김재준은 그가 소개한 근우관이라는 고학생 합숙소에 들어갔다. 그는 그곳에서 다른 고학생들처럼 골목길을 돌아다니며 일본인들의 아침식사용인 낫도[納豆] — 된장 비슷한 것으로 메주콩을 발효시킨 것 — 를 팔면서 끼니를 때웠다. 그러나 수줍은 성격에 목소리도 작아 얼마 팔지 못하여 굶기가 일쑤였고, 먹을 때에도 끓는 물에 밀가루 반죽을 뜯어 넣어 그걸 먹고 허기진 배를 달랬다. 잠잘 때가 제일 행복했는데, 배고픔을 잊을 수 있었기 때문이었다. 눈앞에 설레는 것이 밥밖에 없는 상황에서 학교에 다닌다는 것은 불가능했다. 고층건물 신축 공사장에 가서 리어카도 끌어 보았다. 그러나 배고픈 상황에서 힘이 부쳐 다른 사람들처럼 일할 수가 없었다.

여름방학이 되자 송창근이 귀국했다. 이때 김재준은 그의 방을 숙소로 사용할 수 있었다. 또한, '후까미'라는 청산학원의 일본인 신학생의 소개로 이 학교 건물 신축장에서 일하게 되었다. 초면이었던 후까미는 일본의 조선 침략을 강도요 절도라고 부를 정도로 자유주의, 사회주의적인 사상을 가진 학생이었고 한국 학생과 친해지고 싶어 했다. 후까미는 공사감독에게 청산학원 학생 셋이서 일하고 싶은데 써달라고 부탁했다. 세 명의 학생이란 자신과 김재준, 그리고 다른 한국인 고학생이었다. 물론 김재준이 이 학교 학생이 아님은 분명했다. 공사 감독은 이들을 고용하고 별로 힘들지 않는 일을 시켰다. 김재준은 이렇게 넉 달 동안 일을 하였고, 방학이 끝날

일본유학시절. 김재준은 일본 아오야마(청산)학원 신학부에서 자유주의 신학을 접했지만, 비판적이었다.

무렵에는 제법 돈을 모을 수 있었다.

이때에도 그는 아씨시의 성 프랜시스의 삶을 동경했다. 그리하여 같은 해 7월 일본 동경에서 발행된 『사명』이란 잡지에 성 프랜시스에 관한 글을 발표하기도 했다. "…… 성자여 당신은 주의 십자가를 생각하시고 대로(大路)에서 통곡하셨으며 머리에 재를 뿌리시고 참회를 끊지 않으셨습니다. 그리고 기도하실 때 '오 주여'하는 첫 말에 감(感)이 극(極)하셔서 더 많은 말씀 못 하시고 눈물 흘리셨습니다. …… 당신은 가장 적은 이의 형제가 되셨습니다. 걸인과 병자와 빈자와 죄인의 가장 살뜰한 형제이셨습니다. …… 당신의 마음속에서 거짓을 찾을 수 있아오리까. 당신의 행실에서 꾸밈을 볼 수 있아오리까. …… 당신은 종교개혁가나 예언자로서의 외식을 가지지 않으셨습니다. 당신은 오직 당신의 영을 응시하시고 당신의 몸을 편달하셨습니다. 그러나 당신의 정숙 속에는 영원한 활동이 품겨 있었으며 당신의 여윈 몸에는 그윽한 후광이 둘리어 있었습니다."

가을학기가 시작될 즈음 김재준은 교무과에 찾아가 입학이 가능한지를 타진했고, 입학시기가 아니라 입학은 불가하지만 청강은 가능하다는 답을 얻었다. 그리하여 그는 청산학원 신학부에서 공부하게 되었다. 당시 청산학원의 학풍은 자유주의 일색이었다. 뉴욕 유니온신학교의 학풍과 거의 유사했다. 학생이든 교수든 개인의 자유, 학원의 자유, 학문의 자유, 사상의 자유가 보장되었다. 그러다 보니 사회주의적인 좌경사상을 가진 신학생들도 있었다. 이들은 영문과, 고등사범과 등의 학생들과 함께 독서회를 조직하여 정기적으로 모임을 갖고 좌경이 아니라면 바보라고까지 했다. 이들 중에는 종교무용론, 종교아편론 등을 주장하는 학생들이 있기도 했다. 이들은 김재준에게도 입회할 것을 권했지만, 그는 그리스도인으로서 사회에 대한 관심은 있으나 그것은 예수의 제자로서 신앙적·신학적 의무에서 출발하는 것이지 순수한 마르크스·레닌주의에서부터 시작하려는 것은 아니라고 잘라 말했다. 신실한 예수의 제자가 되고 싶었던 것이다.

청산학원에 다니는 동안 김재준은 자신의 인생 목표에 대해 고민했다. 그리고 왜 내가 신학을 공부하고 있는지도 되물었다. 이에 대한 대답은 '교육'이었다.

"…… 내 평생 사업은 무엇인가? 내 평생 사업이란 것도 나는 모른다. 신학에 들어온 것도 어쩔 수 없이 몰려서 그렇게 된 것이고 목사 할 생각은 처음부터 없었다. 교회에 충성할 용의도 없었다. 일제하 조선에서 할 수 있는 일이 무어냐? 그래도 교육밖에는 없다는 결론이었다. 그게 비교적 자유로우면서도 후진들에게 뭔가 '혼'을 넣어 줄 접촉점이 된다고 믿어졌기 때문이다. 나는 기독교 사상과 신앙을 주축으로 한 유치원부터 소·중·고·대학교까지의 교육 왕국을 세워 보리라고 맘먹었다."[20]

교육을 통해서 젊은이들에게 민족혼을 불어넣고 싶다는 것이었다. 그리고 이를 위해서 기독교 정신이 담긴 학교를 세워 보겠다는 것이었다. 그는 이런 생각을 하면서 혼자 감격하여 눈물을 흘리기도 했다.

김재준은 경제적으로 어려웠기 때문에 학교의 식당일, 선교사들의 집 청소나 잔디 깎기, 주변 교회당의 청소 등의 일을 통해 돈을 벌어 학교에 다녔다. 그러던 중 졸업반이 되었을 때, 캐나다 선교사로 조선에 와 있던 스쿨톤 양으로부터 매달 식비 16원씩을 받게 되었다. 그녀의 어학 선생겸 비서로 있다가 청산학원에 유학 온 학생 박원혁의 소개로 가능했던 것이다. 이런 인연으로 3학년 여름방학에는 스쿨톤과 함께 조선을 방문하여 고향 지역 교회 등을 돌아다니며 순회강연을

---

20) 김재준, 『범용기』, 70쪽.

다닐 수도 있었다.

스쿨톤과의 순회강연을 마치고 고향에 온 김재준은 부모, 형제뿐만 아니라 일본으로 떠날 때 친정으로 보냈던 아내, 그리고 그때 아내의 뱃속에 있었던 딸을 만났다. 뱃속의 핏덩이가 벌써 3살 된 아이로 자라 있었다. 아버지로서 첫 아이를 처음 본 것이다.

고향 산천도 변해 있었다. 창꼴지역은 석탄이 매장되어 있었기 때문에 광산 개발이 한창이었고, 평화롭던 농촌은 황폐를 넘어 몰락의 도중에 있었다. 수천 명의 광부들이 아오지 탄광에서 일을 하고 이들을 상대로 장사를 하는 술집, 여관, 하숙집 등등이 벌판을 메웠다. 울창하던 송림 숲은 민둥산으로 변해버렸다. 석탄을 캐낸 갱도 때문에 샘물이 마른 지역도 있었고, 토대가 가라앉아 찌그러진 집들도 많았다. 농사꾼들도 농기구를 버리고 탄광에 가서 일을 했다. 알코올 중독과 작부들의 홀림에 시골 사람들의 혼은 다 빠져버려 새로운 삶의 방식에 적응하지 못하고 있던 상황이었다.

고향 집을 방문한 뒤 김재준은 홀로 근처 여러 교회를 방문하면서 친구도 사귀고 함께 기도하며 격려했다. 경흥읍교회를 찾아가 강연도 하고 서울 유학 시절 함께 하숙하다 죽은 고 김영구 묘 앞에 낙엽송을 심기도 했다. 웅기교회에서는 내키지 않는 금주 금연 데모 강연도 했다. 그때 그는 금주 금연

일본유학을 마치고, 김재준은 아오야마학원 신학부를 졸업하고 송창근의 주선으로 미국 프린스턴신학교에 입학하게 된다.

이 그리스도인의 말단 윤리라고 생각하면서 이에 관한 강연을 하고 싶지 않았지만 부탁을 거절할 수는 없었다. 또한, 웅기교회는 주일 예배 설교도 부탁했는데 이를 위하여 뒷산 송림 속에서 온종일 금식기도를 하기도 했다.

동경으로 돌아가야 할 때가 되었지만, 그에게는 돌아갈 차비가 없었다. 그때 청산학원 졸업생이었던 웅기교회 조승제 목사가 동창 선배로서 도와주고 싶어 했으며, 작은 배의 주방장으로 있던 고향 후배에게 고베[神戶]까지 태워다 줄 것을 부탁했다. 그러나 그것은 창피하고 구차한 여행이었다. 김재준은 무료 밀항자처럼 검문검색이 있을 때나 중간에 내릴 때에 조마조마한 가슴으로 숨거나 피해야 했기 때문이었다. 그렇지만 덕분에 무사히 학교로 돌아올 수 있었다.

졸업반 학생으로 김재준은 조직신학 분야에서 「바르트의 초월론」이라는 졸업논문을 제출했다. 1886년 개혁교회 목사의 아들로 스위스 바젤에서 태어난 칼 바르트(Karl Barth)는

일본 아오야마학원 동창생과 함께(1934년). 뒷줄 왼쪽 첫 번째가 김재준이다.

1918년 『로마서 주석』을 출판하여 당시 유럽을 휩쓸고 있던 자유주의 신학에 정면으로 도전하였다. 김재준이 바르트의 신학으로 졸업논문을 쓴 것은 그가 자유주의 신학에 도전한 것에 흥미를 느꼈기 때문이었다. 당시 일본에는 바르트신학이 별로 소개되지 않았다. 일본 신학자 다까구라가 소개한 초보적인 자료 정도였다. 논의 내용에 깊이가 있을 리 없었지만, 조직신학을 가르치는 베리 교수는 그 논문을 흔쾌히 받아주었다.

김재준은 졸업시험도 치렀다. 그러나 졸업장을 받을 수 있을지는 미지수였다. 왜냐하면 처음부터 청강생이었고 정규 학생으로 등록한 적도 없으며 처음 한 학기를 배우지도 않았기 때문이었다. 더군다나 학비, 학우회비, 기숙사비 등을 한 푼도 낸 적이 없었다. 초조하게 기다리던 중 졸업생 명단이 나붙었다. 그리고 거기에 김재준이라는 이름도 들어 있었다. 청산학원은 그에게 졸업장을 준 것이다.

미국 유학

김재준의 미국 유학 역시 송창근이 이끌었다. 청산학원을 졸업할 무렵 송창근은 이미 미국 프린스턴신학교(Princeton Theological Seminary)에 유학중이었고, 김재준을 위해 그 학교의 입학 허가서와 1년 장학금 200불을 받아 보내주었던 것이다. 하지만 문제는 여권과 여비였다. 그는 먼저 여권을 해결하고자 동경에서 서울로 갔다. 서울에서는 피어선학원 기숙사에 머물면서 「창세기」 강의도 하고 유학수속도 할 수 있었다. 일본 총리대신 겸 외무대신의 이름으로 발급되는 여권을 받기 위해서는 두 달이 소비되었다. 재정보증은 승동교회의 김대현 장로와 이재향 목사가 서주었다.[21] 김대현 장로는 막역한 친구 김영환의 부친이었기에 가능했다. "겉으로는 온순한 척하면서 속은 다소 음험하다. ······ "라고 씌어진 본적지 신분조서도 종로 경찰서에 도착했다.

여권을 만든 다음에는 여비가 필요했다. 미국까지 가는 뱃삯은 거금이었다. 송창근의 경우를 보면, 감리교의 이용도 목

---

21) 김대현 장로는 훗날 김재준이 설립에 참여하고 가르치던 조선신학교(현, 한신대학교) 설립을 위해 재산을 헌납한다.

사가 자신이 살던 집을 팔아서 마련해 줄 정도로 뱃삯은 큰돈이었다.[22]

김재준의 형이 금융조합에 밭을 저당 잡히고 50원을 대출받았다. 그러나 그것만으로는 부족했다. 교회 측에 부탁도 해보았지만 반응은 냉담했다. 선교사 추천도 아니고 정식 장학생도 아닌 개인에게 장학금을 줄 수는 없다는 것이었다. 함북노회 수양회에도 가보았지만 잘 다녀오라는 인사도 제대로 받지 못했다. 평양신학교 출신이 아니기 때문에 받는 홀대였다. 서울로 오는 길에 청산학원 동창생인 시인 김동명의 집에 들러 빼앗다시피 큼직한 여행 가방을 얻어냈다.

서울에 도착해서는 윤치호를 찾아갔다. YMCA를 통하여 기독교의 사회참여를 이끌었던 윤치호는 미국에 유학 가는 과학도와 신학도에게 여비를 준다고 들었기 때문이었다. 한복 차림에 턱수염을 길게 늘어뜨린 윤치호는 소탈하고 평민적이었다.

"무슨 공부를 할 건가?"

"신학입니다."

"어느 신학교?"

"프린스턴에 입학돼 있습니다."

---

[22] 만우 송창근 선생 기념사업회 편, 『만우 송창근』, 서울: 선하도서출판사, 1978, 31쪽.

"그럼 가서 공부 잘하게!"

"감사합니다. 무슨 일러 주실 말씀이 있으신지요?"

"미국 한인 사회란 좀 복잡하고 갈래도 많은데 서로 자기 편에 끌어들이려 할 걸세. 내 생각으로는 아무 그룹에도 들지 말고 공부만 열심히 하는 게 좋을 것 같네!"

"잘 알았습니다. 명심하겠습니다."

대화를 마친 윤치호는 김재준을 친히 데리고 은행에 가서 100원을 찾아 손에 쥐어 주었다. 이제 태평양을 건널 여비가 마련된 것이다.

김재준은 일본 요코하마에서 배를 타고 10일 만에 하와이에 도착했다. 그리고 다시 4일이 지난 후 샌프란시스코 항에 도착했다. 그렇지만 미국 대륙에 발을 딛기도 전에 다시 똑딱선을 타고 입국 심사소가 있는 엔젤 아일랜드(Angel Island)로 가야 했다. 3등 칸에 탔기 때문이었다. 그는 그곳에서 하룻밤을 머문 뒤 어렵게 입국심사를 마치고 상륙할 수 있었다. 도착 당일 배에 마중 나온 백일규라는 교포의 도움 덕분이었다. 프린스턴까지의 여비가 문제였지만, 다시 백일규의 도움으로 버클리의 싼 여관방에서 지내면서 샌프란시스코 구경도 하고 대륙횡단 급행열차도 탈 수 있었다. 백일규가 교포들에게서 100불가량을 거두어 표를 사주었는데, 이 돈은 얼마 후 송창근이 다 갚아주었다. 송창근은 김재준이 샌프란시스코에서 프린스턴까지 올 차비를 마련하기 위해서 여름방학 동안 일하여 돈을 모아 놓았던 것이다.

프린스턴 역에는 김선두 목사의 맏아들 김성락과 한경직이 마중 나와 김재준을 반겼다. 프린스턴신학교에는 이들 외에도 한국인으로 윤하영이 특별학생(special student)으로 있었고, 송창근이 졸업반에 있었다.

김재준은 프린스턴신학교의 대학원 코스에 등록했다. 1928년 9월 가을학기였다. 그에게 있어 이곳에서의 공부는 강의나 토론보다 책이 더 중요했다. 영어가 서툴러 강의를 제대로 알아들을 수 없었고 세미나 토론에도 제대로 끼어들 수 없었기 때문이었다. 수강하는 과목은 주로 근본주의 신학자이며 신약학자인 메첸(Gresham Machen)을 비롯한 보수신학 계열 교수들의 강의였다. 김재준은 청산학원에서 자유주의 신학 일변도로 공부했기 때문에 이곳에서는 주로 보수주의 신학을 택했던 것이다.

당시 미국 장로교회에서는 자유주의와 근본주의의 갈등이 매우 심했다.[23] 1922년 5월 뉴욕 제일장로교회의 목사이자 유명한 설교자였던 포스딕(Harry E. Fosdick)은 '근본주의자들은 승리할 것인가?'라는 제하의 설교에서 교회는 자유주의 신학에

---

23) 송길섭, 『한국신학사상사』, 서울: 대한기독교출판사, 1987, 325쪽.

대해서 관용과 아량을 베풀어야 한다고 역설했다. 그러자 1923년에 메첸은 『기독교와 자유주의 *Christianity and Liberalism*』라는 책을 출판하여 이를 반박하며 정죄했다. 이번에는 다시 자유주의에 신학적 관용을 베풀어야 한다고 주장하는 1,274명의 목사들이 서명한 어번선언(The Auburn Affirmation)을 선포했다. 이렇게 되면서 장로교회는 보수진영과 자유진영으로 나뉘어 대결하게 되었다. 그러나 이 문제는 1929년에 총회가 근본주의자들을 제명하고, 프린스턴신학교가 자유주의적 입장을 취하면서 일단락되었다. 근본주의자들은 펜실베이니아 주의 필라델피아에 웨스트민스터신학교(Westminster Theological Seminary)를 설립하고 메첸을 교장으로 세웠다. 그리고 새로운 장로교파(The Presbyterian Church of America)를 만들고 소수파로 전락했다. 예상과는 달리 그들을 따라나섰던 사람들은 소수에 불과했던 것이다. 메첸이 죽자 그의 추종자 사이에서 다시 이론투쟁이 일어나 10년도 못 되는 동안 세 개의 교파로 갈라졌다.

김재준은 메첸 등 보수계열 교수들의 강의를 많이 들었지만, 근본주의 신학에 대해서는 비판적이었다. 극단적 정통주의 신학이 막다른 골목에서 스스로 고민하는 발악이라고 느꼈던 것이다. 이러한 사고에는 신학수업을 처음 받았던 청산학원의 영향이 있었음을 무시할 수 없다. 그렇다고 그는 청산학원의 자유주의자도 되고 싶지 않았다. 청산학원을 졸업할 때, 자유주의 신학이 막다른 골목에 도달한 느낌을 받았기 때문이었다. 결국 그는 극단적인 자유주의도, 극단적인 보수주의도 모두 거부하고 싶었던 것이다.

프린스턴에서 김재준은 송창근, 한경직과 맹우(盟友)가 되었다. 그들은 한국 교회를 세계 수준으로 끌어올리기 위해서는 인물 양성이 필요하며, 이는 곧 자유로운 신학교육 수준의 향상에 있다고 보았다. 그리하여 송창근은 목회신학, 한경직은 신약, 김재준은 구약을 전공하고 학업을 마친 뒤 함께 일하자는 꿈도 나누었다.

프린스턴신학교에서 1년을 보낸 뒤, 다시 송창근을 따라 피츠버그에 있는 웨스턴신학교(Western Theological Seminary) 2학년에 편입했다. 1929년 9월이었다. 송창근은 대학원 석사과정에서 공부하고 있었는데, 이번 편입학에도 그의 도움이 컸다. 애초부터 송창근 없는 김재준의 신학공부란 생각할 수 없는 것처럼, 신학수업 마지막까지 송창근의 도움을 받았던 것이다. 이때 그는 프린스턴신학교 가까이에 있는 무명용사의 무덤에서 한국 민족과 한국 교회를 위해 함께 기도했던 김성락 등과도 헤어져야 했다. 웨스턴신학교에서 그는 송창근과 1년 동안 기숙사 방을 함께 썼다.

1785년에 시작된 웨스턴신학교는 미국 장로교회(Presbyterian

미국 유학시절. 김재준(왼쪽)과 송창근(오른쪽)은 한경직과 함께 절친하게 지냈다.

Church of the United States of America)의 직영 신학교였는데, '웨스턴'이라는 교명을 갖게 된 것은 1825년부터였다. 웨스턴(western)은 '서쪽의'라는 뜻인데 이렇게 이름 붙여진 이유는 당시가 서부 개척이 이루어지기 이전이어서 펜실베이니아의 피츠버그 시가 미국의 서부였기 때문이었다. 웨스턴신학교는 소속교단이 북미 연합장로교회(United Presbyterian Church of North America)와 통합되면서 1958년 피츠버그-크세니아신학교(Pitt-sburgh-Xenia Theological Seminary)와 통합되었으며, 1959년에는 피츠버그신학교(Pittsburgh Theological Seminary)로 개편되었던 것이다. 피츠버그신학교는 현재 미국 장로교회(P.C.U. S.A.) 소속 신학교 중 하나이다.

김재준은 장로교 계통의 신학교인 웨스턴에서 학비, 기숙사비를 모두 면제받고, 장학금도 300불이나 받았다. 프린스턴신학교에서 주는 장학금보다 100불이 더 많은 돈이었다. 문제는 식비였다. 여름방학 동안에 식당과 농장에서 아르바이트를

하여 열심히 번 돈 300불로 식비를 해결할 것으로 기대했지만, 이를 잃어버리고 말았던 것이었다. 이 문제는 다행히 기숙사 식당에서 웨이터로 일하면서 해결할 수 있었다. 그리고 이 일은 졸업 때까지 보장되었다. 전화위복(轉禍爲福)치고는 너무나 다행스러운 일이었다.

웨스턴신학교에서는 학부 과정부터 다시 시작했다. 기초부터 다시 공부하고 싶어서였다. 전공은 구약학을 선택했다. 이 학교가 구약학이 좋다는 평도 있었다. 그는 히브리어를 열심히 공부했고 구약개론, 구약원전강독 등 구약학 과목은 모두 들었다. 부전공은 조직신학을 택했다. 학업성적은 우수하여 한 과목만 B+학점을 받고 나머지는 모두 A학점을 받았다. 1932년 졸업식 때에 김재준은 신학사(S.T.B.)와 신학석사(S.T.M.)학위를 겸해서 받았다. 히브리어를 잘한 덕분에 히브리어 특별상도 받았다.

그의 신학사 졸업논문은 「출애굽 연대에 대한 고찰」이었다. 모세가 이집트의 노예로 있던 이스라엘 백성을 해방시킨 후 가나안 땅으로 향하던 때가 언제였는가 하는 문제를 논하는 것이었다. 이 문제는 구약학 분야의 이스라엘 역사연구에 있어서 매우 중요한 이슈(issue) 중의 하나였다. 신학석사학위논문은 「오경비판과 주전 8세기 예언운동」이었다. 모세오경이라 불리는 구약성경 처음 다섯 권, 즉 「창세기」, 「출애굽기」,

「레위기」, 「민수기」, 「신명기」에 대한 비평과 아모스, 호세야, 미가, 이사야 등 주전 8세기 이스라엘 예언자들의 활동을 다룬 것이었다. 모두 구약학에 관한 것으로 그는 구약성경 학자가 되기를 원했다.

졸업할 무렵 한국의 어느 선교사로부터 편지가 왔다. 직장 소개와 관련하여 신학노선을 묻는 것이었다.

"네가 학업을 마쳤으니 귀국해야 할 텐데 네 신학노선을 알아야 직장을 소개할 수 있겠기에 편지한다. …… 네가 근본주의냐? 자유주의냐? 근본주의라야 취직이 될 것이니 그렇기를 바란다. 속히 알려 달라 …… ."

김재준은 곧 답신을 보냈다. 자신은 근본주의자도 자유주의자도 아니라 살아 계신 그리스도주의자라는 것이었다.

"…… 나는 무슨 '주의'에 내 신앙을 주조할 생각은 없으니 무슨 '주의자'라고 판박을 수가 없소. 그러나 나는 생동하는 신앙을 은혜의 선물로 받았다고 믿으며, 또 그것을 위해서 늘 기도하고 있소. 내가 어느 목표에 도달했다고 생각할 수는 없지만, 그리스도를 목표로 달음질한다고는 할 수 있을 것 같소. 기어코 무슨 '주의'냐고 한다면 '살아 계신 그리스도주의'라고나 할까? 나는 하나님께서 자신의 경륜대로 써 주시기를 기도할 뿐이며, 또 그렇게 믿고 있소 …… ."

그 뒤 편지 왕래가 없었지만, 이 선교사는 안식년 때에 일

부러 김재준을 찾아왔다. 그의 좁은 침대에서 하룻밤을 같이 지내며 이야기했지만, 폭넓은 대화를 나눌 수 있는 사람은 아니었다. 그는 근본주의 신학을 선호하면서 매우 보수적인 신앙을 가지고 있었기 때문이었다.

웨스턴신학교를 졸업한 김재준은 박사 과정을 밟고 싶었으나, 그것은 불가능했다. 갑작스럽게 찾아온 미국의 경제공황이 실업자를 양산하고 학교의 재정을 악화시켜 파산 직전으로 몰아넣었기 때문이었다. 장학금은 모두 끊기고 아르바이트마저도 구하기 힘들어 고학은 불가능했다. 이때 송창근은 웨스턴에서 석사학위를 받은 뒤, 콜로라도 덴버에 있는 아일리프신학교(Iliff Theological Seminary)에서 신학박사학위를 받고 귀국을 서두르고 있었다. 그리고 한경직은 프린스턴신학교를 졸업한 뒤 결핵으로 요양원 생활을 하다가 회복되어 귀국하는 중에 있었다. 김재준도 귀국을 서두르지 않으면 안 되었다.

4. 교육의 첫걸음

평양 숭인상업학교 교목

1932년 여름, 샌프란시스코에서 배를 타고 하와이를 거쳐 요코하마에 내린 김재준은 서울로 돌아왔다. 그곳에서 청산학원 친구들과 미국 유학 재정 보증을 서주었던 승동교회 김대현 장로 등을 만난 뒤, 기차를 타고 창꼴 집으로 가서 4년 만에 가족들과 상봉했다. 미국 유학을 떠날 즈음 잉태되었던 둘째 딸이 태어나 있었다. 오랜만에 만난 그리운 가족들이었지만, 마음은 불편했다. 그동안 부친은 막내아들 그리운 정에 교회에 가서 부흥집회도 참석해 보았지만, 기독교에 대한 반감은 여전히 남아 있었다.

"진리와 도를 말한다는 사람들이 왜 그렇게 조폭하고 철없이 떠들기만 하는지 모르겠더라."

부친의 부흥집회 참석 소감은 여전히 전통 한학자 모습 그대로였다.

하루는 부친이 이런 제안까지 했다.

"이제부터는 '교'(종교를 말함)에 대해서는 서로 말하지 않기로 하자. 부자유친(父子有親)만으로도 '친'(親)할 수는 있을 게 아니냐?"

김재준은 아버지를 설득하여 기독교로 귀의하고 싶었지만, 그것은 싸움이었다. 하는 수 없이 그는 "어디 그렇게 힘써 보겠습니다!"라고 대답했다. 그리고 그는 '더 좋은 것이 제일 좋은 것의 원수'라는 말을 기억하면서 한탄했으며, 완전한 것이 올 때 완전치 못한 것은 가야 하는데 그렇지 못한 현실을 생각하면서 슬퍼했다. 그동안 유교가 부친의 삶을 인도하는 길잡이였다면 이제는 가장 완전하고 제일 좋은 삶의 길잡이인 기독교를 받아들여야 하는데 그렇지 못하기 때문에 안타깝고 괴로웠던 것이다. 김재준의 노력에도 불구하고 부친은 생을 마감할 때까지 이러한 생각을 계속 유지했다. 이것은 그의 삶에 있어서 가장 무거운 짐 중의 하나였다.

김재준에게 더 큰 괴로움은 일할 준비는 되었지만 일할 곳을 찾지 못한다는 것이었다. 누가 불러주지도 않았다. 함북노회모임에 참석하여 귀국인사라도 하려 했지만, 그들의 반응은 미국 유학을 떠날 때 홀대를 받았던 때나 마찬가지였다. 선교사 소개도 없이, 노회나 총회의 추천도 없이 제멋대로 나가서 신학공부를 하고 돌아온 사람을 이제 와서 우리가 알게 뭐냐는 것이었다. 평양신학교 출신 목사들이 주도권을 행사하는 노회에서 일본과 미국에서 신학공부를 한 김재준은 이방인에 불과했다. 그는 아직 목사 안수도 받지 못한 상태였다. 다행히 노회 뒷좌석에 앉아 얼마 동안 방청할 수는 있었지만, 그의 마음은 편할 리 없었다. 그의 눈에 들어온 것은 은혜도 평화도 증발된 사무절차 일색이었고, 노회원들은 평화가 상실된 채 목사의 탈을 쓴 자들에 불과했다. 이러한 광경을 통해 그는 좀더 복음적인 신학교육의 필요성을 느꼈다. 정통주의는 그대로가 율법주의여서 거기에는 자유로운 인간이 있을 수 없다고 보았던 것이다. 여기에는 정통주의라고 자부하는 평양신학교에 대한 반발도 내포되어 있었다.

고향에 머물면서 느끼는 답답함과 이제는 무엇인가 해야 한다는 절박감은 김재준의 발걸음을 평양으로 돌리게 했다. 그곳에는 자신의 신학수업의 길잡이인 학형 송창근과 프린스턴신학교 시절 사귀었던 친구 한경직이 있었다.

송창근은 조만식이 장로로 있는 산정현교회(당시 이름은 산정째교회) 강규찬 목사 후임으로 예정되어 그 교회 전도사로 있으면서 평양 숭실학교 성경강사로 나가는 중이었다. 한경직은 숭인상업학교 성경교사 겸 교목, 그리고 기림리교회

임시 목사로 있다가 신의주 제이교회 담임 목사로 가게 되었다.[24] 숭인상업학교는 선교사들이 설립한 평양 시내의 다른 미션 스쿨들과는 달리, 평양 시내 장로교회 당회원 연합회, 즉 조선 사람들이 주축이 되어 설립한 학교였다. 애초에는 숭인중학교로 시작하였지만, 취직이 잘 되는 상업학교로 개편하여 재출발하였던 것이다. 그리하여 산정현교회의 장로인 오윤선, 조만식, 김동원 등이 이사로 참여하고 있었다.

김재준은 한경직의 후임으로 숭인상업학교 성경교유, 즉 교사 겸 교목으로 청빙받았다. 앞서 숭실전문학교 매큔 교장이 앞으로 설립될 여자부 교수로 와 달라는 부탁을 했었지만, 그 실현성이 희박하고 더군다나 총독부가 숭실학교를 폐교시키려 한다는 것도 알았다. 그리하여 매큔의 집요한 설득에도 불구하고 이를 거부하고, 조만식 등 조선 사람들이 설립한 학교에서 일하게 된 것이다. 1933년 4월부터였다. 아내와 두 딸, 그리고 조카 둘을 데리고 두 칸짜리 집을 얻어 살림도 차렸다. 난생 처음 자녀들을 데리고 가정이란 보금자리를 차린 것

---

24) 김재준은 그의 자서전에서 당시 신의주 제이교회 출석교인을 2,000명으로 기억했다. "그때 한경직은 숭인상업학교에서 성경교사 겸 교목, 그리고 기림리교회 임시 목사로 있다가 이천 명 출석 교인을 가진 신의주 제이교회 담임 목사로 가게 되었다"(김재준, 『범용기』, 104쪽). 그러나 이 기억은 잘못된 것이다. 한경직이 부임할 당시 신의주 제이 교회는 300명 정도 되는 교인에 예배당도 없었다(조성기, 『한경직 평전』, 서울: 김영사, 2003, 80-81쪽 참조).

이다. 김재준은 이곳에 근무하면서 매일 새벽마다 모란봉 꼭대기 솔밭 속 바위 밑에서 기도했다. 눈 쌓인 겨울에도 예외 없이 올라 기도했으며, 오가는 길에도 걸으면서 기도했다.

얼마 후 김재준은 송창근의 권유로 평양노회에서 강도사 시험을 치렀다. 강도사란 설교를 할 수 있는 자격자(licensed preacher)를 의미했다. 웨스턴신학교를 졸업할 무렵 미국 피츠버그노회에서 이미 이 자격을 획득했지만, 조선에서 활동하기 위해서는 이곳에서 다시 시험을 치러야 했던 것이다. 석사학위를 받았기 때문에 시험은 논문 한 편과 구두시험뿐이었다. 그는 「마태복음에 나타난 천국개념」이란 논문을 써서 제출하고 구두시험에 응시했다. 원로급 목사 다섯 명이 위원으로 있었다.

"천국이 지상에도 있다고 믿습니까?"

그러나 김재준은 그들이 원하는 대답을 하지 않았다.

"천국이란 하나님이 다스리는 나라이니 하나님이 하늘과 땅 모든 공간과 시간을 주장하시는 분이라면 하늘이고 땅 아래고 간에 천국이 존재할 수 없는 데가 없겠지요. 하나님 나라가 하늘에서와 같이 땅에도 임하게 하시려는 것이 예수님의 염원이었고 '너희 가운데 성령의 능력으로 귀신을 내쫓았다면 거기에 벌써 하나님 나라가 임한 것'이라고 예수님이 말씀하셨으니까 천당만이 하늘나라라고 말할 수 없겠지요."

그들은 근본주의 신학에서 주장하듯이 죽음 뒤에 영혼이 들어가게 되는 천당이 곧 하늘나라라는 대답을 듣기 원했지만, 김재준은 이 땅의 하나님 나라까지 말한 것이다. 그들의 얼굴에는 불쾌한 표정이 역력했다. 그렇지만 결과는 합격이었다. 그리하여 1933년 8월 강도사로 임직되었다. 산정현교회 집사에서 노회가 인허한 강도사가 된 것이다.

1933년 여름, 프린스턴신학교 선배이자 평양신학교 신약학 교수였던 남궁혁이 『신학지남』이란 잡지의 편집 책임자이자 주필로 있었는데, 김재준을 편집실무 겸 동인으로 일하게 했다. 한 달에 20원의 사례금도 준다고 했다. 1918년 평양신학교 기관지로 창간된 이 잡지는 당시 장로교 신학을 대변하는 잡지였다. 남궁혁은 김재준뿐만 아니라 채필근, 송창근, 한경직 등도 동인으로 참여하게 했다. 김재준은 이 잡지에 주로 구약성경에 관한 글들을 발표했다.

1933년 5월호에 게재한 첫 학술 논문 「욥기에 현한 영혼불멸」에서는 「욥기」 19장 25-26절("내가 알기에는 나의 구속자가 살아 계시니 후일에 그가 땅 위에 서실 것이라. 나의 이 가죽, 이것이 썩은 후에 내가 육체 밖에서 하나님을 보리라.")을 주석하고 이에 관한 학자들의 견해를 소개했다. 그리고 이 논문에서 "욥은 사후의 영혼불멸에 대해서 똑똑하게 끊어 말하지 못하였다. 오히려 전통적 신앙인 음산한 스올을 그는 더 많이 생각하고 있었던 것이다"라고 결론 내렸다. 욥기에는 헬라 철학적인 영혼불멸 개념, 즉 사후의 영원한 생명에 대한 개념은 없고, 구약성경의 전통이자 히브리인들의 전통적인 죽음 개념인 음부(=히브리어로 '스올'이라고 함) 개념이 있다는 것이다. 이것은 「욥기」에는 죽어서 천당 간다는 개념이 명시되어 있지 않다는 것을 의미했다. 「욥기」에 영혼불멸 개념이 나타나 있지 않다는 것은 오늘날 구약학계의 정설(定說)로 되어 있다.

같은 해 9월호에 게재한 글 「전기적으로 본 예레미야의 내면생활」에서 김재준은 민족의 타락과 다가오는 멸망을 바라보며 아파하는 예언자 예레미야의 주요 메시지를 그의 생애와 연결했다. 그리고 예언자의 신앙적인 고뇌와 결단, 그의 하나님 말씀 선포 등을 논했다.

"(예레미야)는 다시 한번 일어나 싸움할 때가 왔다. 그는 성전 문 어귀에 서서 의식주의와 성전 광신자들을 향하여 가장 날카로운 선언을 내렸다. …… 이 용감한 도전은 물론 탐심이 가득한 왕과 제사(祭司)들이며 미로에 든 광신배들의 격노를 샀을 것이다. …… 이렇게 하여 당시의 지도계급과 정면충돌한 그는 받은 것이 오직 능욕과 모독이었다. 동양인의 연한 감정을 가진 그는 또다시 의혹과 고민에 잠기게 되었다."

그는 이 글의 결론을 다음과 같이 맺으면서 한국 그리스도인들이 예레미야처럼 현실을 바라보고 고뇌와 결단을 내리기를 촉구했다.

"이리하여 불순한 의식적·국가적 종교를 도덕적·영적·개인적 종교로 정화하여 그리스도의 길을 예비하였다. 우리는 이제 신의 위대한 경륜을 찬탄함과 동시에 불세출의 대 예언자 예레미야의 일생을 앙모하여 마지않는다."

같은 해 11월호에 게재한 글 「아모스의 생애와 그 예언」에서는 주전 8세기 예언자 아모스를 불의로 가득한 세상에서 하나님의 의를 용기 있게 선포하다 죽은 자로 묘사했다. 그리고 그리스도는 아모스 예언자의 의를 이루었다고 결론지었다.

"'공도는 물같이 흐르고 정의는 찌지 않는 강같이 (흐르게) 하라'(5:24)는 것이 아모스의 갈망하는 바였다. …… 그는 온 세상의 정치, 경제, 종교, 교육 등의 모든 관계가 하나님의 의 위에 세워지고 운행하여지기를 바라고 그를 위하여 싸우다가 그를 위하여 죽은 자이다. 이제 우리는 이 불의로 가득 찬 세대에 있어서 이 의의 예언자의 용기를 부러워함과 동시에 이 예언자의 의를 이루어주신 그리스도의 의만을 선포하며 그를 위하여 분투하며 또 생명을 버림이 마땅할 것 아닌가 한다."

그는 다음 해에 「실재의 탐구 — 전도서를 읽고」(1934/11)도 게재했는데, 비도덕적이고 불확실한 세상에서 하나님의 통치를 찾기 어렵다고 불평하기보다는 다시금 창조주 하나님께 머리를 숙이고 그 안에서 삶의 의미를 찾고자 하는 자로 「전도서」 저자의 모습을 그렸다.

"(전도자)는 이 모든 철칙의 배후에는 신의 예정이 계심을 시인하였다. 그러나 그 주재자이신 신은 오직 차디찬 집권자이어서 인정에 끌리며 인류에게 특별한 관심을 가지시는 이는 아니었다. 이렇게 숙명적이요 필연적인 우주와 인생이라 할지라도 만일 그것이 도덕적 필연이라면 거기에는 새로운 의미가 있을 것이다."

"이렇게 각일각으로 닥쳐오는 죽음의 검은 그림자를 응시한 전도자는 모든 이론, 모든 지혜를 다 내어놓고 오직 '네 창조주를 기억하라'는 한마디 말밖에 부탁할 것이 없었던 것이다. 그러고 보니 하나님을 떠나 인생은 있지 못한다. …… 그렇다. 하나님 안에 쉴 때까지는 우리에게 안심이 없을 것이다. …… 현대인은 모름지기 그리스도의 십자가 아래 모여 속죄의 은총을 통하여 새로운 자아를 받아야 할 것이다."

욥, 예레미야, 아모스, 전도자 등의 인간적인 고민과 하나님에 대한 신앙을 다룬 김재준의 글들은 역사비평학을 수용했던 당시 구미 성경학계 주류의 연구경향을 반영하는 것으로 오늘날 우리가 읽기에는 별 문제가 없는 내용들이다. 그는 여기에서 성경본문의 내용을 역사적·사회적인 상황에서 설명하고자 했던 것이다. 그러나 이것은 성경이 하나님의 영감을 받아 그의 말씀을 축자적이고 기계적으로 받아 적은 것이라는 근본주의자들의 주장과는 배치되는 것이었다. 즉, 그는 근본주의자들이 주장하는 "성경을 파괴하는 고등비평과 자유주의적 해석방법"을 수용한 것이었다.

다른 한편 김재준의 이러한 예언자들에 관한 논문은 당시 부패하고 혼탁한 한국 사회, 그리고 그리스도의 복음에 충실하지 못한 한국 교회에 외치고 싶은 내용이었다.

당시 많은 교회의 부흥회는 본래의 목적인 신앙의 강화와 전도를 목적으로 시행되지 아니하고 성령의 이름으로 교인들을 흥분시켜 헌금을 강요했다. 마치 부패한 이스라엘의 제사장이 백성들에게 성전제의를 강조하면서 희생제물을 바치도록 강요한 것처럼 말이다. 김재준은 이를 암시하면서 직접적으로 비판했다.

김재준이 『신학지남』에 기고한 글 중 근본주의자들이 교리적으로 가장 문제시했던 것은 「이사야의 임마누엘 예언연구」(1934/1)였다. 이 논문은 구약성경 「이사야」 7장 14절의 "…… 보라 처녀가 잉태하여 아들을 낳을 것이요 그 이름을 임마누엘이라 하리라"는 내용을 주석한 것이었다. 여기에서 그는 '동정녀'라는 단어가 '방년의 젊은 여자'를 가리키는 히브리어 '엘마'를 번역한 것으로, 반드시 동정녀라고 번역할 필요는 없다고 했다. 또한 '잉태'를 가리키는 히브리어 '히라'

는 히브리어 상태 동사 '하라'의 분사형태이므로 '엘마'(젊은 여자)의 형용사 역할을 하는 것이라고 했다. 즉, 잉태한 방년의 젊은 여자가 아들을 낳고 그 이름을 임마누엘이라 하리라는 번역이 가능하다는 것이다.

 이러한 김재준의 주석은 히브리어 문법상 맞는 것으로 당시 역사비평학을 수용하는 구미 구약학계에서는 일반적으로 받아들여지고 있던 내용이었다. 또한, 70인 역이나 신약성경에서 인용하고 있는 본문과 비교, 연구해 보면 왜 초대 교회에서 본문을 동정녀 탄생으로 읽었는지를 금방 알 수 있다. 그러나 근본주의자들의 관점에서 보면, 이것은 성경의 축자영감설을 반박하는 것이었다. 또한 김재준이 예수의 동정녀 탄생을 부인한다는 오해를 낳는 요인이 될 수 있는 것이었다.

 이 무렵, 성경의 역사비평이 장로교 총회를 통해 근본주의자들에게 직접적으로 공격당하는 일이 발생했다. 소위 '아빙돈 주석사건'이다. 감리교에서 선교 50주년을 기념하여, 미국 아빙돈(Abingdon) 출판사에서 발행한 『아빙돈 성경 주석 *Abingdon Bible Commentary*』을 감리교의 유형기 박사가 편수하고 1934년에 번역하여 출판했다. 이것은 역사비평학을 수용한 주석이었다. 장로교에서는 채필근, 송창근, 김재준, 한경직이 참여했다. 유형기는 김재준에게 「요나」는 문제가 될 것 같아서 자신이 직접 쓸 것이며, 「요나」를 제외한 소선지서의 주석을 부탁했다. 김재준은 보수적인 학자들의 책을 참고하여 자기 나름대로의 주석을 써보냈다. 거기에는 이단이라고 단정할 만한 내용은 전혀 없었다. 감리교에서는 이 책이 문제시되지도 않았다. 그러나 장로교에서 이 책에 대해 이단 시비가 붙은 것이다.

길선주 목사는 이 주석의 집필자 대부분이 자유주의 신학자이고 그 내용도 자유주의적이므로 이 사상이 장로교회 내에 들어오지 못하게 해야 한다고 역설하였다.[25] 평양신학교의 교수로 있던 박형룡도 이 주석이 고등비평의 원칙으로 성경을 파괴적으로 해석하며 계시의 역사를 종교적 진화의 편견으로 분석하고 있다고 단정했다.[26] 평양신학교에서 가르치면서 근본주의 신학을 고수하고자 했던 선교사들도 같은 입장에 서 있었다.

드디어 근본주의자들의 영향으로 장로교회는 1935년 9월에 열린 총회에서 이 주석을 구매금지 조치했다. 장로교의 교

---

25) 김양선, 『한국기독교 해방 십년사』, 서울: 대한예수교장로회총회 종교교육부, 1956, 177쪽.
26) 민경배, 『한국기독교회사』, 서울: 대한기독교출판사, 1988, 414쪽. 프린스턴신학교에서 메첸으로부터 근본주의 신학을 전수받았던 박형룡은 김재준이 프린스턴신학교에 입학하기 전인 1926년에 이미 졸업하고, 켄터키 주 루이빌에 있는 매우 보수적인 남침례교회 신학교에서 1년간 대학원 과정을 마친 뒤 귀국하여, 근본주의 신학사상을 가지고 있던 선교사들과 함께 메첸의 근본주의를 한국에 심는 데 앞장섰다.

리에 위배되는 점이 많기 때문에 이제부터 이 책을 사지 말아야 한다는 것이었다. 또한 집필에 참여한 사람들에게는 공개 사과를 받기로 결의했다. 그러나 이러한 결의에 반발하는 사람들도 만만치 않았다. 남궁혁의 반발, 평양노회 소장 목사들의 격론, 구매 금지령이 내린 지 수주일 만에 이 비싼 책이 다 팔린 것 등은 이를 반증했다.

집필자들에게 공개 사과하라는 결의에 대해서 김재준을 포함한 네 사람은 어떻게든 반응해야 했다. 먼저, 채필근이 "잘못했고, 다시는 집필하지 않을 것이며 재판이 발행될 때에는 자기 글을 뺄 것이다"라고 다짐하는 성명을 발표했다. 이로써 그는 자신의 문제를 일단락 지었다. 그러나 송창근, 김재준, 한경직은 몇 달을 버티었다. 내용 면에서 잘못이 없었고 사과할 경우 자신들의 집필내용에 문제가 있다는 것을 인정하는 것이었으므로 함부로 사과성명을 내기도 거북했다. 그러나 『신학지남』의 편집 책임자인 남궁혁에게 이 세 사람을 집필진에서 제거하라는 압력이 거세어졌다. 난처하게 된 그는 성명서를 내라고 이들에게 권했다. 결국 이들은 공동명의로 성명서를 써서 『신학지남』에 보냈다.

> 1. 우리는 단권 성경 주석 전체로서의 편집에 관여

> 한 바 없다.
> 2. 우리가 쓴 글에는 문제 될 것이 없다.
> 3. 그러나 우리 글 때문에 교회가 소란하다는 데 대하여는 유감으로 생각한다.
>
> 성명자 송창근
한경직
김재준

자신들이 쓴 주석에는 문제 되는 것이 없지만, 이 때문에 교회가 소란해진 데 대해서는 유감으로 생각한다는 것이었다. 이렇게 되자 김재준은 『신학지남』의 편집실무일이나 기고가 불가능하게 되었다. 다른 두 사람도 『신학지남』을 떠났다.

성명서가 나가자 뒷말도 많았다. 내나 마나 한 성명서라는 둥, 어느 쪽이 유감인지 모르겠다는 둥 입방아를 찧었다. 그러나 이들을 정죄하는 데 앞장섰던 사람들은 더 이상 문제제기를 하지 않았다. 더 따져봐야 소장파 목사들의 공격이 격화되어 노장파 목사들에게는 오히려 불리해질 것 같았기 때문이기도 했다.

미국에서 출판된 주석서 번역 한 권을 가지고 총회 석상에서까지 이단 시비를 벌인 아빙돈 주석사건은 오늘날 돌이켜

보면 어처구니없는 일이었다. 그러나 근본주의 신학을 신봉하는 일부 선교사들과 목사들이 주도권을 행사하던 당시 장로교회 총회의 현실이 그러했다. 이에 더 나아가 아빙돈 주석과 관련된 사람들 외에, 자신의 성경관을 공개적으로 밝힌 다른 인사들도 곤혹을 치렀다. 예를 들자면, 당시 남대문교회 김영주 목사는 「창세기」를 모세가 쓰지 않았다고 교회에서 가르쳤는데 이에 대해서도 총회는 그를 "오경 전부 내지 성경 대부분의 파괴를 도모하는 사람", "오경의 증거와 구약 다른 여러 책의 증거와 예수 그리스도의 증거와 신약 여러 책의 증거를 거짓말로 인정하야 성경의 권위와 그리스도의 권위를 무시하며 릉욕하는 사람"이라는 무서운 판결을 내렸다. 이 판결을 맡은 연구위원장은 나부열 선교사였고 박형룡은 위원으로 참여하고 있었다.

또한 성진중앙교회 김춘배 목사는 「장로교 총회에 올리는 말씀」이란 제목의 글을 『기독신보』에 썼는데, 여기에 언급되었던 "여자는 조용하라. 여자는 가르치지 말라고 하는 것은 이천 년 전의 한 지방교회의 교훈과 풍습이요, 만고불변의 진리는 아니다"는 내용이 문제가 되었다. 이것은 바울이 「고린도전서」 14장 34-35절("…… 여자는 교회에서 잠잠하라. 저희의 말하는 것을 허락함이 없나니 …… 여자가 교회에서 말하는 것은 부끄러운 것임이라.")에서 고린도교회의 여자들에게 권면한 내용이 오늘날 문자 그대로 받아들여져서는 안 되고 역사적·문화적 상황에서 재고되어야 한다는 주장, 즉 여성 목사 안수 허용을 포함한 여권(女權)문제를 논하는 것이었다. 그러나 이에 대해서도 총회는 "성경의 파괴적 비평을 가르치는 교역자들과 성경을 시대사조에 맞도록 자유롭게 해석하는 교역자들을 우리 교회 교역계에서 제외"해야 한다고 판결하여, 그를 성경 파괴자, 목사의 자격이 없는 자라며 정죄해 버렸다. 이러한 영향으로 한국 장로교회는 여성의 목사, 장로 안수문제의 논의를 오랫동안 터부(taboo)시해 왔다. 그리하여 대한 예수교 장로회 통합에서는 20세기 후반에야 이를 허용했고, 대한 예수교 장로회 합동과 고신 등 보수교단에서는 현재까지도 여전히 이를 허용하고 있지 않다.

이와 같은 근본주의적 성경관은 장로교의 창시자로 여겨지는 존 칼빈(John Calvin)의 성경관에도 맞지 않고, 개혁교회의 전통에서 보더라도 바람직하지 않는 것이다. 칼빈은 성경문자주의를 비판하면서 성경은 하나님의 계시에 관한 책이며, 이 계시는 문화적·인류학적 조건하에서 주어진 것이기 때문에 새로운 상황에 따라 적절하게 해석되어야 한다는 입장을 가지고 있었다. 그리하여 예를 들자면 「창세기」 1장의 창조 이야기는 고대 사회의 청중들의 문화적 상황에 맞는 언어와 상징을 사용하고 있기 때문에 문자적으로 이해하지 말고, 새로운 시대의 새로운 사고에 맞게 이해되어야 한다고 했다. 이러한 칼빈의 입장을 통해 당시 유럽 개신교 과학자들은 신앙적 갈등 없이 계속적으로 연구에 임할 수 있게 되었고, 서구 과학의 발전을 가져오는 데 기여하기도 했다. 이러한 칼빈의 성경관은 우리말로도 번역되어 있는 그의 방대한 성경 주석에 그대로 반영되어 있다. 그러나 근본주의는 칼빈이 비판한 성경문자주의로 다시 회귀했으며, 이러한 성경문자주의가 팽배해 있는 상황에서 미국 장로교 신학교에서 공부했던 김재준과 그의 동료 송창근, 한경직 등은 어려움을 겪었던 것이다.

이 무렵 일제는 신사참배를 강요했다. 신사참배란 일본의 신들을 모시는 신사(神社)에 절을 하면서 경의를 표하고 복이나 소원을 비는 것이었다. 여기에서 신들이란 샤머니즘 등에서 숭배하는 전통적인 신들뿐만 아니라 일본의 옛날 천황이나 무사(武士) 등 이미 죽은 자들의 영들을 의미했다. 죽은 자들의 영을 신으로 모시는 관습이 반영되어 있었던 것이다. 현재에도 일본의 수많은 신도(神道)사원에는 800만 이상의 신들이 모셔져 있다.

일제는 신사참배를 국민의례로 규정하고 이를 통해서 군국주의의 정신적 단결을 도모하고자 했다. 여기에는 한국 민족의 주체성을 말살시키고 한국 교회의 민족주의적 경향을 와해시키고자 하는 의도도 내포되어 있었다. 따라서 대부분의 목사들은 신사참배는 곧 우상숭배라는 관점에서 이를 거부하고자 했다. 그렇지만 일부 선교사들을 중심으로 신사참배가 하나의 국민의례로서 정치적 의미만 가지고 있기 때문에 참배해도 무방하다는 주장도 있었다. 감리교에서는 이러한 주장이 일반적으로 받아들여지고 있었다. 또한 로마 교황청은 일본의 천주교인들에게 신사참배는 애국심과 충성의 표현 이외에 아무것도 아니라고 하면서 참배를 허용하는 입장이었다.

　신사참배 강요와 더불어, 일제는 공립과 사립학교를 모두 관청의 통제 아래 두었다. 교장과 교사의 임면이 허가제가 되었고 교과목 배정도 관청이 정한 대로 해야 했다. 기독교 학교도 예외는 아니었다. 일제는 "교장 인솔하에 교직원 학생 모두 신사에 참배하라"고 강요했다. 신사참배는 우상숭배라고 여기는 장로교 계통의 기독교 학교가 이를 받아들일 수는 없었다.[27] 1934년에 신사참배를 거부한 목포 영흥중학교가 폐쇄되었다. 1935년에는 신사참배를 거부한 평양 숭실전문학교 교장 메큔 박사와 평양 숭의여고 교장 스누크 여사가 면직되고 미국으로 출국당했다.

　김재준의 학형인 송창근도 신사참배에 대해 반대 목소리를 높였다. 그는 설교에서 이를 언급했기 때문에 형사 두세 명이

---

27) 감리교 계통의 학교는 신사참배에 순응했기 때문에 강제 폐쇄되거나 자진 폐쇄하지 않았다.

감시하고 있었다. 그러던 중 산정현교회 목회에 대한 그의 회의적인 생각은 깊어졌다. 목회에 대한 그의 진취적이고 불타는 젊은 열정이 조만식, 김동원, 오윤선 장로 등으로 구성된 당회원들과 맞지 않았고 일부 교인들도 이를 배척했기 때문이었다. 이것은 진보와 보수의 신학적 갈등이 목회 현장에 그대로 드러난 실례이기도 했다.[28] 일본과 미국의 명문 신학교에서 공부하고 목회현장에 뛰어들었던 젊은 목사를 보수적인 한국 교회가 수용하기에는 무리였는지도 모른다. 그리하여 그는 산정현교회를 사임하고 부산으로 떠났다.[29] 이미 한반도의 북서쪽 끝 신의주로 떠난 한경직과 이제 한반도의 남동쪽 끝 부산으로 떠난 송창근이 없는 평양은 김재준에게는 쓸쓸하게 느껴졌다. 이들이 있어 평양에 왔었고 이들과 아빙돈 주석사건을 함께 겪었기 때문에 그 쓸쓸함은 더욱 컸다.

숭인상업학교에도 신사참배 강요 물결이 밀려왔다. 김항복 교장은 교장실에서 김재준을 만나 '학생들에게 민족의식을

---

28) 민경배, 『한국기독교회사』, 411-412쪽. 당시 평양 지역은 선교사들이 주도하는 평양신학교의 영향으로 보수주의가 특히 강했다. 그리하여 일본이나 미국에 유학하여 신학을 공부한 목사들이 세계 신학의 경향을 자유롭게 소개하거나 목회에 활용하기에는 역부족이었다. 게일 등 일부 선교사들도 평양신학교와 교회의 보수적이고 폐쇄적인 태도에 반발했다.
29) 신사참배반대 때문에 순교한 주기철 목사가 송창근 목사의 후임으로 산정현교회에 부임하였다.

평양 숭인상업학교 교유(교목 겸 성경교사) 이임. 그는 신사참배를 반대하며 사표를 냈다.

불어넣지 말아 달라는 것'과 '신사참배 때 행동을 같이 해달라는 것'을 부탁했다. 학교를 유지하기 위해서는 이렇게 할 수밖에 없다는 것이었다. 김재준은 "잘 알았소이다" 하고 나와서 곧바로 사표를 제출했다. 1936년 4월 초, 입학시험이 막 끝난 때였다. 당시 그는 새로운 직장을 구하지 못한 상태였고, 가족들의 생계에 대한 대책도 없었다. 당장 먹을 것이 없었지만 그저 믿음으로 모험을 감행할 수밖에 없었다.

집 주인인 김은석은 그에게 집세를 내지 말고 그냥 지내라며 배려해 주었다. 또한 구차하다고 생각되어 아무에게도 도와달라는 편지를 보낸 일이 없었는데도, 한국에 돌아올 때 여비 마련을 위해 도움을 주었던 미국 피츠버그의 옛 친구 찰스 르 로이에게서 매달 20불씩(당시 돈 40원) 보내주겠다는 편지가 갑자기 왔다. 여섯 식구인 본인과 아내, 그리고 딸 셋(셋째

4. 교육의 첫걸음 97

딸은 평양에서 출생)과 조카가 근근이 살아갈 만한 돈이었다. 김재준은 이때 우상(偶像)인 바알을 숭배하는 아합 왕에게 가뭄을 선포하고 요단강 동편에 그릿 시냇가로 숨은 엘리야에게 까마귀를 통해 먹을 것을 공급해 주셨던 하나님의 손길(왕상 17:1-6)을 기억했다.

할 일이 없어 집에 있게 된 김재준은 평양신학교 도서관에서 『성자 열전 Story of the Saints』 50권을 두세 권씩 빌려다 읽었다. 그리고 당시와 비슷한 상황에서 순교한 성자들을 골라 『순교자 열전』을 썼다. 원고지 살 돈도 부족한 형편이었지만, 1,000매가 넘는 분량을 썼다. 그가 순교자들에게 관심을 가진 것은 일제의 신사참배 강요가 초대 교회 시대에 로마의 황제 숭배 강요와 같은 것이라 생각했고, 이를 거부하고 순교한 초대 교회 신자들의 모습을 사모했기 때문이었다.

북간도 용정 은진중학교 교목

숭인상업학교를 그만둔 지 몇 달 후, 숭실전문학교 교장 마우리 박사가 집으로 찾아 왔다. 그는 한국 선교사 중 유일한 웨스턴신학교 출신이었는데, 북간도 용정의 은진중학교 교유, 즉 교목 겸 성경교사로 추천하고 싶다고 했다. 용정으로 가는 길에 김재준은 서울에 들러 오랜만에 송창근을 만나 회포도

풀고 앞으로 어떻게 해야 할지 의논도 했다. 창꼴 집에 들러서는 부모님께 인사도 드리고 가족들을 잠시 쉬게도 했다. 이때 만삭이 되어 평양을 떠난 아내는 고향에서 첫아들을 출산했다.

그는 혼자 기차를 타고 두만강을 건너 먼저 용정으로 갔다. 가족들은 자리를 잡은 뒤 한 달쯤 있다가 데려갔다. 그러나 가족들을 데려와 짐을 풀자마자 집에서 전보가 왔다. "모친 위독 속내 형"이었다. 어머니가 위독하니 빨리 오라고 형이 보낸 것이었다. 혼자 서둘러 창꼴 집에 도착했지만, 어머니는 이미 운명하신 뒤였다. 1936년 8월 10일에 향년 75세로 별세하신 것이었다. 아들 식구들을 용정으로 보내놓고 허전하여 집에 들어오자마자 졸도하여 돌아가신 것이다. 재롱을 부리던 셋째 딸 혜원을 업고 멀리까지 따라 오다 아내에게 내주고 언덕 위에서 오래오래 서 계시던 어머니의 모습이 눈에 선했다. 어머니의 시신 앞에서 너무 슬프고 허전하여 눈물도 나오지 않았고, 통곡도 나올 수 없었다. 사르트르의 실존주의 소설에 나오는 아들, 어머니가 세상을 떠났는데도 눈물 한 방울 흘리지 못하는 아들의 모습 그대로였다. 다음 날에야 눈물을 흘리며 소리없이 울었다.

캐나다에서 온 평신도 선교사 부루스 교장이 이끄는 은진학교에는 강원룡, 김영규, 전은진, 안병무, 김기주, 신영희 등의 학생들이 있었다. 이들은 모두 "농촌 계몽운동으로 잃은 나라를 다시 찾자"는 이상을 가지고 농촌에 야학교, 주일학교, 교회 등을 세웠는데 김재준은 이곳을 돌아다니며 예배를 드렸다. 은진학교에서 그의 별명은 '천지(天地)', 곧 '하늘과 땅'이었다. 수업시간에 준비해 온 노트와 교실 천장만을 번갈아 바라보면서 강의했기 때문에 붙여진 별명이었다. 농담도 하지 않고 과묵한 그에게서 학생들은 어떤 권위 같은 것을 느끼고 있어 함부로 대할 수 없었다. 그리하여 다른 시간에는 커닝을 많이 하던 학생들도 김재준이 시험감독을 하게 되면 신문만 보고 있어도 커닝을 할 수가 없었다. 학생들뿐만 아니라 동료 교사들도 그의 인품과 인격을 높이 샀고 존경을 표했다.

김재준은 은진학교에 근무하던 시절 만주의 동만노회에서 목사 안수를 받았다. 1937년 3월이었다. 학생들을 인솔하여 수행여행도 다녔는데, 온종일 기차로 달려도 끝이 없는 드넓은 만주벌판을 바라보며 이 기름진 벌판을 내어놓고 삼천 리 반도 산골로 들어가 버린 옛 조상들이 원망스럽기도 했다.

> 만경 곡식바다 하늘가에 물결치니
> 물려주신 선영기업 훌륭도 하옵건만
> 어쩌다 다 팔아 먹고 반도 산골 기어든고.

용정에는 신사참배가 강요되지 않아, 평양에서 쓴 『순교자 열전』을 책으로 출판하려고 일본 영사관을 찾아갔다. 그들은 원고를 보더니 출판을 거부했고 심지어는 원고를 압수하기까지 했다. 책을 내고 싶었던 김재준은 정기간행물인 『십자군』을 발행했다. 1937년 5월이었다. 당시에 그곳에는 정기간행물에 대한 검열이 없었기 때문에 가능했다. 그러나 얼마 후 일제가 만주지역에서의 정기간행물 규정을 까다롭게 바꾸자 1938년 2월 이후로 발행하지 못하게 되었다. 당시 송창근은 부산에서 『성빈』(聖貧)이란 잡지를, 그리고 전영택은 서울에서 『새 사람』이란 월간지를 내고 있었다.

5. 조선신학원 교수

조선신학원은 세워야 한다

장로교회 총회에서 보수와 진보의 신학적 갈등이 깊어지면서 이와 연결되어 지역 간의 갈등도 심화되었다. 한편에서는 서북 지방인 평안도와 황해도, 그리고 경상도의 대구 지역이 선교사들의 근본주의 신학에 적극 동조하면서 총회를 장악하고 있었고, 다른 한편에서는 진보적인 신앙을 옹호하는 서울, 경기 지역과 이에 동조하는 호남 지역이 있었다. 물론 이러한 지역적 색채는 일반적이고 상대적인 것이지 절대적인 것은 아니었다.

신학적·지역적 갈등이 교회 안에 심화되는 동안, 일제의 신사참배 강요도 거세어졌다. 교회와 기독교 학교를 유지하기 위해서는 신사참배에 참여해야 했다. 일제의 집요한 공작과 신사참배는 국민의 의무라고 주장하면서 선동했던 박응률, 이승길, 김일선 등 일부 목사들의 주도로, 장로교 총회는 부끄럽게도 1938년 9월 총회에서 신사참배 참여를 가결했다. 주기철, 채정민, 이기선 목사 등과 선교사들의 반발은 거셌다. 신사참배를 거부하면서 선교사들은 평양 숭실전문학교를 이미 지난 3월에 폐쇄했고, 평양신학교도 5월에 무기 휴학을 선언한 상태였다.

장로교회 총회가 끝나고 얼마 뒤, 선교사들은 총회 본부와 상의 없이 일방적으로 평양신학교를 폐쇄시켰다.[30] 이러한 결정에 총회의 신사참배 가결에 대한 선교사들의 불쾌감이 반영되어 있다는 것은 자명했다. 평양신학교를 폐쇄한 뒤 선교사들은 본국으로 철수하기 시작했고 한국인 교수로 있던 박형룡, 남궁혁도 망명했다. 단 하나밖에 없었던 한국 장로교회 목사양성기관이 없어져 버린 것이다.

평양신학교가 폐쇄된 다음 해인 1939년에도 선교부가 신학교를 재개할 기미를 보이지 않자 평양과 서울에서는 거의 동시에 신학교 개교 내지는 신설 움직임이 일어났다.[31] 먼저 평양에서 1939년 3월 3일에 총회 신학교육부가 모여 평양신학

---

30) 평양신학교는 원래 총회 본부와 선교부에서 공동으로 운영하였기 때문에 선교부의 폐쇄 결정은 일방적인 것이었다.
31) 송길섭, 『한국신학사상사』, 344-345쪽.

교를 총회 직영 신학교로 운영하기로 하고 선교부에 이를 청원하였다. 여기에는 평양신학교의 건물과 시설들을 넘겨달라는 의미도 포함되어 있었다. 그러나 선교부는 이를 거부했다. 신사참배 가결로 선교부의 신뢰를 잃은 총회가 평양신학교의 재산을 내놓으라고 한 것은 무리였다.

서울에서는 비슷한 시기인, 1939년 3월 27일에 '조선신학교 설립기성회'가 조직되었다. 승동교회 김대현 장로는 신학교 설립을 위해서 50만원(당시 미화 25만 달러)에 상당하는 부동산과 경상비 10만원을 헌금했다. 김대현은 원래 전당포를 소규모로 경영하였지만, 영등포 쪽에 사놓은 부동산의 지가가 뛰어 벼락부자가 되었다. 또한, 그는 신앙심이 돈독하여 십일조를 김필헌(金必獻)이라는 이름으로 저금했는데, 반드시 헌금으로 바친다는 의지가 담겨 있었다.

기성회뿐만 아니라, '창립준비위원회'도 구성되었다. 위원장에는 채필근 목사, 실무에는 송창근 목사가 맡았다. 그러나 조선신학교 설립 추진은 쉽지 않았다. 신학교 설립에 대한 교회 안의 여론 분열 때문이었다.

한편에서는 신학교를 재개하거나 설립하는 것이 선교사들에 대한 배신행위요 우상숭배에 굴종하는 배교행위라고 주장했는데, 부흥사 김익두 목사가 이 그룹의 선두에 있었다. 다른 한편에서는 선교사 시대는 지났고 이제는 조선 사람의 손으로 신학교의 운영을 추진해야 한다는 주장이 있었는데, 절대 다수가 이에 동조했다.

신학교를 설립하자는 그룹의 내부에서도 의견이 둘로 갈렸다. 한편에서는 선교사들의 전통을 따르자는 서북 교회 지도자들과 이남의 동조자들이 있었고, 다른 한편에서는 이러한 때에 세계 교회의 신학적 방향과 수준으로 도약하자는 서울 이남의 신진 엘리트 그룹이 있었다.

신학교를 설립하는 데 어떤 절차를 밟아야 하는지에 대해서도 논란이 일었다. 곧바로 총독부에 신청을 해야 하느냐 아니면 총회인가를 먼저 받고 신청을 해야 하느냐는 것이었다. 총독부에서는 신청만 하면 곧 인가를 해준다고 했다. 그러나 총회의 인허 없이 총독부의 인가부터 받는다는 것이 도리가 아니라는 의견이 지배적이었다. 그리하여 9월 총회까지 약 반년을 미루기로 했다.

드디어 1939년 총회에 조선신학교 설립 청원서가 제출되었다. 그러나 결과는 실망스러웠다. 총회는 평양신학교를 직영 신학교로 하여 개교하기로 결의하였던 것이다. 이것은 지난 3월에 총회 신학교육부가 결의한 평양신학교의 총회 직영을 받아들인 것이기도 했다.

총회 폐막 직전에 평양의 윤원삼 장로는 긴급 발언을 요청하여 조선신학교를 대변하는 발언을 했다.

"이 교회의 수난기에 총회 산하의 현직 장로가 교회를 지키려는 충성으로 50만 원의 사재를 주의 제단에 바쳤는데 총회로서 감사와 격려의 표지는커녕 냉대와 질시로 대한다는 것은 인지상정으로도 이해할 수 없는 처사다. 제단의 성금까지 교권 다툼에 희생된다면 금후 어느 신도가 충성을 보이겠느냐!"

이것은 신학교 개교문제를 놓고 그동안 수면 아래에서 벌어졌던 상황을 요약해 주는 것이었다. 그리고 거액을 헌금한 장로를 인정해 주지 않고 도리어 험담이나 하는 자들에 대하여 같은 장로로서 느끼는 울분이기도 했다. 그리하여 총회는 김대현 장로에게 감사의 뜻을 전하기로 결의했다. 또한, 조선신학교는 사설 기관으로 인가 수속을 계속 진행시켜도 좋다는 허락도 받았다.

김재준은 조선신학교 설립 추진이 시작된 1939년 3월부터 이 일에 참여하라는 연락을 받고 있었다. 이 일에 깊이 관계되어 있는 송창근이 김재준을 끌어들이지 않을 리 없었다. 그러나 서울은 만주에서 너무 먼 거리에 있고, 학기중이라 회의 참석이 불가능했다. 그 해 7월 송창근으로부터 편지가 왔다. 자신은 1937년에 일어난 수양동우회(흥사단)사건으로 입건, 보석중이고 일제의 경고를 받아 사회활동이 자유롭지 못하기 때문에 설립 사무를 그만두고 만주 무순교회 목사로 갈 생각이라는 내용이었다. 송창근은 조선신학교 설립을 위해 이미 서울에 거주하면서 실무 작업을 하고 있었는데, 그 일을 김재준에게 대신 해달라는 격려의 전보였다. 송창근은 김재준이 서울로 와야 한다는 것이 중론이라는 편지를 그 뒤 수차례 더 보냈다.

여름방학이 되자 김재준은 8월 1일부터 15일까지 서울, 평양, 황주, 함흥, 서호 등지를 다니며 친구들을 만났다. 서울에서는 김대현 장로에게 인사도 하고 그의 아들이자 친구인 김영환도 만나 신학교 설립에 관한 이야기도 들었다. 용정에 돌아와 있을 때인 9월 18일에 장로교 총회 소식이 그에게 전해졌다. 평양신학교를 총회 직영으로 급히 열기로 하고 조선신학교는 설립을 받을 수 있거든 해보라는 정도의 인허 아닌 인허가 났다는 것이었다. 그리고 이틀 만인 9월 23일에 전보를 받았다. "조선신학 교수로 초청 지급 상경"이라는 내용이었다. 송창근이 김천의 황금정교회로 떠나버렸기 때문에 신학교 설립을 위한 실무자가 필요했던 것이다. 그리하여 그는 9월 25일 은진중학교를 사임하고 곧바로 혼자서 서울로 왔다. 가족들은 한동안 용정에 계속 머물러 있어야 했다. 자신의 후임으로는 청산학원을 졸업한 고향 후배이자 평양 장대현교회 조사(전도사)겸 숭혜여학교의 교사로 있었던 안희국을 추천하였다.[32)]

서울에 온 지 얼마 안 되어 김재준은 김대현 장로를 찾아 갔다. 그는 천식증이 심하여 성북동 송림 숲 별장에 머물고 있었다. 그는 편지 몇 장을 내놓으면서 회답을 써달라고 했다. 신학교 설립 반대 그룹에서 보낸 것이었다. 그 중에 하나는 김익두 목사로부터 온 것이었는데, "선교사들이 신학교 문을 닫고 갔는데 당신이 신학교를 새로 한다는 것은 선교사에 대한 의리로 보든지 신앙적 양심으로 보든지 배교에 가까운 잘못이 아니냐"고 꾸짖는 것이었다. 이를 읽은 김재준은 무어라 회답을 써야할지 몰라 멍하니 앉아 있었.

"아마 김 목사가 당장 답장 쓰기는 어려울 거요! 그런데 기도하는 중에 이 성경구절을 생각했소!"

김대현은 이 말과 함께 「전도서」 3장의 말씀을 보여주었다.

"천하에 범사가 기한이 있고 모든 목적이 이룰 때가 있나니, 날 때가 있고 죽을 때가 있으며, 심을 때가 있고 심은 것을 뽑을 때가 있으며 …… 헐 때가 있고 세울 때가 있으며 …… ."

이것을 본 김재준은 다음과 같은 암시를 느꼈다.

"선교사 때와 지금의 때가 같지 않으니 때를 따라 헐기도

---

32) 안희국, 「부단 없이 생동하는 바닷물 같으신 분」, 『장공이야기』, 장공 김재준 목사 탄신 100주년 기념사업위원회 편, 오산: 한신대학교출판부, 2001, 352-353쪽.

하고 새로 세우기도 해야 하나님의 새 경륜이 이루어질 것이 아니냐? 평양신학교는 헐어야 하겠고 조선신학교는 세워야 한다는 '때'의 요청에 내가 응답한 것뿐이다 ……."

그는 이런 방향으로 회답을 대필해 주었다.

10월 13일, 그는 조선신학교 설립 사무에 착수했다. 얼마 후 평양신학교와 조선신학교의 설립인가 신청이 동시에 총독부에 제출되었다. 그런데 문제는, 조선신학교는 총독부에서 인가해 주기로 선약했었지만 평남도지사가 평양신학교 인가를 적극 지원중이어서 총독부가 난처한 입장에 선 것이었다. 여러 가지 루머도 떠돌았다. 평양이 유리하다, 서울이 유리하다, 둘 다 인가한다 등등. 그러나 다음 해인 1940년 2월 9일 조선총독부는 평양신학교에만 인가를 내주었다.

총독부로부터 학교 인가를 받지 못한 조선신학교 측은 어떻게 해야 할지 고민했다. 진보와 보수, 그리고 지역 간의 갈등이 심화되고 있는 전국 교회의 상황도 고려해야 했다. 한편으로는 전체 교인의 3분의 2를 차지하고 있는 평안도와 황해도 중심으로 일을 진행시키는 총회에 반발한 서울 이남의 교회들이 서울에 신학교를 세우고 교단 분열까지 감수해야 한다는 논의도 있었다. 그러던 중 조선신학교 측은 1년마다 갱신하는 강습소 인가라도 얻어 신학교육을 시작해야 한다고 결정했다. 강습소 인가는 경기도청의 권한이었다. 인가 승인은 신청 18일 만인 1940년 3월 22일에 '조선신학원'이란 명칭으로 나왔다. 총독부에서 경기도를 버리고 평안도에 신학교 설립을 승인한 것에 대한 불만이 경기도청으로 하여금 인가 승인을 신속히 처리해 주는 결과를 낳았던 것이다. 김재준은 경기도청에 가서 직접 인가 서류를 받아왔다. 비록 1년마다 갱신해야 하는 인가였지만 신학교육을 시작할 수는 있었다.

인가장을 받은 기쁨도 잠시 다음 날 김재준은 고향으로 향해야 했다. "부친 위독 급내 형"이라는 전보가 왔기 때문이었다. 그러나 이 전보는 주소지 이동으로 여기 저기 돌다가 이틀 늦게 도착되었고, 부친은 3월 23일인 그 날 별세했다. 고향에 내려가 77세로 생을 마감한 부친의 장례를 치렀다. 부친을 기독교로 인도하지 못한 김재준의 마음은 무거웠다. 부친은 여전히 위정척사의 사고를 가지고 있었기 때문에 둘째 아들이 무부무군(無父無君)의 금수(禽獸)라는 양이(洋夷)의 종교에 미혹되었다는 생각과 함께 생을 마감했다.

1940년 4월 개원식과 함께 조선신학원이 시작되었다. 교사는 승동교회 예배당 아래층이었다. 원장이자 설립자인 김대현 장로의 짧은 취임사는 김재준의 마음에 와 닿아 그의 머리에 오래도록 기억되었다. 그 취임사에는 신학원 설립 반대 목소리에 대한 부담과 자신의 신념에 대한 확신, 그리고 미래에 대한 희망이 들어 있었다.

"하나님께서는 적은 일에 충성하는 자를 돌봐 주신다는 신념을 나는 내 경험에서 체득하고 있습니다. 나는 '조선신학교'란 간판으로서 처음부터 크게 벌이는 데 두려움을 느껴 왔었는데, 이제 그 일이 하나님의 뜻이 아니었으므로 이렇게 초라하게 작은 기관으로 출발하게 됐습니다. 나무 자라듯 오래오래 더디 자라는 생명일수록 더 견실한 법입니다. 나는 원래부터 '이소성대(以小成大)'를 원합니다. 이제 이 적은 '조선신학원'이 꾸준히 자라 전 조선뿐 아니라, 전세계에 유명한 신학교로 결실할 것을 확신합니다. 적은 데서 출발했기 때문에 그 장래는 더욱 견실합니다."

개원식을 하면서 김재준은 조선신학원의 교육이념 5개항을 발표했다.33)

① 우리는 조선 교회로 하여금 복음 선포의 실력에 있어서 세계적일 뿐 아니라, 학적·사상적으로도 세계적 수준에 도달하게 할 것.

---

33) 김양선, 『한국기독교 해방십년사』, 193-94쪽. 유동식(『한국신학의 광맥』, 205쪽)과 송길섭(『한국신학사상사』, 346-347쪽)은 이를 따른다. 그러나 『한신대학 50년사』(21-22쪽)는 약간 다르게 소개하는데, 특히 1번과 2번이 주목할 만하다. "1. 우리는 조선신학교로 하여금 복음 선포의 실력에 있어서 …… 2. 조선신학교는 경건하면서도 자유로운 연구를 통하여 자율적으로 가장 복음적인 신앙에 ……" 김경재(『김재준 평전』, 71쪽)는 이를 인용한다.

② 그러하기 위하여 우리 신학교는 경건하면서도 자유로운 연찬(研鑽)을 경(經)하여 자율적으로 가장 복음적인 신앙에 도달하도록 지도할 것.

③ 교수는 학생의 사상을 억압하는 일이 없이 충분한 동정과 이해를 가지고 신학의 제(諸) 학설을 소개하고 다시 그들이 자율적인 결론으로 칼빈 신학의 정당성을 재확인함에 이르도록 할 것.

④ 성경연구에 있어서는 현(現) 비판학(批判學)을 소개하되 그것은 성경연구의 예비지식으로 채택함이요 신학수립(神學樹立)과는 별개(別個)의 것이어야 할 것.

⑤ 어디까지나 조선 교회의 건설적인 실제면을 고려에 넣은 신학이어야 하며, 신앙과 덕에 활력을 주는 신학이어야 할 것. 신학을 위한 분쟁과 증악모략(憎惡謀略)과 교권이용(敎權利用) 등은 조선 교회의 파멸을 일으키는 악덕이므로 삼가 그런 논쟁을 피할 것.

조선신학원은 한국 교회의 복음선포실력과 신학사상을 세계적인 수준으로 갖추도록 하는 데 기여해야 하며, 이를 위하여 가장 복음적이고 칼빈적이며 자유로운 신학교육이 경건의 훈련과 함께 이루어져야 한다는 것이다. 이것은 그의 신학교육에 대한 이상(理想)이자 스스로에 대한 다짐이기도 했다. 또한 근본주의 신학을 선호했던 선교사들이 주도한 평양신학교의 신학교육에 대한 불만족감을 나타내는 것이기도 했다.

한국에서 활동하는 장로교 선교사들은 세계 신학을 호흡하는 신학교육을 선교 초기부터 거부했었다. 그들은 네비우스 선교정책에 충실한 신학교육을 했었는데, 여기에는 "기독교 교육은 시골에서 초등 정도의 학교를 경영함으로써 크게 효력을 낼 수 있다. 그러므로 이런 학교에서 젊은이들을 훈련하여 장차 교사로 보내도록 한다"거나 "장차 한국인 교역자도 결국 이런 곳에서 배출될 것이다"거나 "전도자의 교육에 전력해야 한다"는 등의 신학교육과 관련된 내용이 포함되어 있었다. 네비우스 선교정책은 전도를 통한 기독교의 양적 성장에는 기여했지만, 신학의 사상적 발전과 교육에는 걸림돌이었던 것이다.

또한 1896년 리놀쯔 선교사에 의하여 제시된 한국 목사훈련 요강 중 신학교육의 질과 관련된 부분만 보자면, "…… 미국에 보내 교육시키지 말 것(적어도 선교사업 초기에 있어서는) …… 한국 신자의 문화와 현대 문명이 진전함에 따라, 한국 목사의 교육 정도를 높일 것, 그가 국민의 존경과 위신을 확보하기에 족한 정도로 일반보다 높은 교육을 시킬 것. 그러나 동떨어지게 높아서 남의 선망을 자극시킨다든가 분리감을 주는 일은 없도록 할 것 ……" 등이었다. 즉, 한국 목사들의 신학교육의 수준을 미국이나 유럽 등 기독교 선진국 수준에 맞추는 것이 아니라 한국의 교육받지 못한 평신도들의 수준을 고려하여 점차 높여간다는 것이었다. 이것은 한국 목사와 평신도의 관계를 밀접하게 하려는 좋은 의도가 반영된 것이기는 했지만, 부정적인 결과를 초래할 수도 있었다. 한국 개신교 초기 선교역사를 쓴 백낙준 박사는 이 정책을 언급하면서 다음과 같이 비판했다.

"그 정책 전체가 선견지명에서 나온 것이라 볼 수는 없다. 자존심과 자신감을 가진 인물은 교육받은 지도층에서만 구할 수 있을 것이다. 더욱이 한국인 교역자들은 필경은 선교사 자신들이 한국 교회를 위하여 세운 사업을 계승할 인물들이다. 한인교역자의 지적 수준과 교양적 성격은 높은 차원에 인상되어야만 한인교역자와 선교사 간에 불쾌한 비교나 넓은 간격이 생기지 않을 것이다. 선교사들이 한인교역자들의 지식정도를 낮추잡아 놓은 것은 이해하기 어렵다.

선교사 자신들은 대학교육과 신학교 교육을 필요로 하는 반면에 그들의 후계자가 될 한인교역자의 교육 정도는 교인들의 지식수준보다 약간만 높아야 된다는 이유가 어디 있을까? …… 신흥청년들은 일본과 기타 외국에 유학하여 신문화와 과학을 교육받고 있는 반면에 한국 교회의 교역자들은 근대교육을 받지 못한 구세대인으로 구성될 수밖에 없었다. 그 결과로 한국의 교역자들은 선교사들이 바라는 '존경과 권위'의 대우를 받지 못하고 정반대의 현상을 초래하였다."[34]

조선신학원의 개원은 김재준에게 감격적인 역사적 사건이었다. 그는 당시의 느낌을 훗날 이렇게 표현했다.

"1940년 4월 조선 사람의 손으로 조선신학교가 서울 승동 교회 하층에서 개교되었다. 이것은 조선 교회 50년 사상(史上)에 있어 처음 되는 기록적 사건이었다. 그것은 이날부터 참된 의미의 조선 교회가 시작된 것이었기 때문이다. 지금(只今)까지에 다른 기관은 모두 조선 사람에게 내어준다고 할지라도 신학교만은 기어코 선교사들이 경영하려 하였던 것이다. 그러나 상술한 바와 같이 선교사 우월권 주권을 유지하려면 조선 교역자의 질을 선교사 이하의 선에 정지시켜야 될 것이며 그렇게 하려면 신학교육을 완전히 선교사가 독점하는 방법을 취할 수밖에 다른 길이 없었던 까닭이다. 그러므로 서울에 조선 사람으로서의 조선신학교가 설립되고 선교사가 일제히 귀국한다는 것은 비록 전쟁에 의한 불가피의 사태라 할지라도 벌써 선교사집권시대는 지났다는 것을 의미한 것이 아닐 수 없는 것이었다."[35]

조선신학원이 "참된 의미의 조선 교회의 시작"이라고 단정

---

34) L. G. Paik, *The History of Protestant Missions in Korea, 1832~1910*, Pyeng Yang: Union Christian College, 1929, 205-206쪽; 백낙준, 『한국개신교사: 1832-1910』, 서울: 연세대학교출판부, 1973, 227쪽.
35) 김재준, 「한국신학대학의 역사적 위치」, 『한국신학대학보』 3집, 1957, 5쪽.

한 그의 말은, 1940년 4월 이전의 조선 교회의 과거 역사를 모두 부정하거나 부재(不在)로 단정한다는 오해를 불러일으킬 수 있는 표현이었다.36) 그러나 조선신학원이 조선인의 손으로 세워져, 세계 신학의 흐름에 맞추어 자유롭게 신학교육을 실시하고자 했던 최초의 신학교였다는 점에서는 한국 신학교육사에 있어서 새로운 역사의 장을 여는 것임은 분명했다.37)

김재준이 조선신학원을 통하여 신학교육의 이상을 실현함에 있어서 제일 중요하게 생각한 것은 교수진 구성이었다. 그리하여 해외에 유학한 사람들을 교수로 청빙하려고 노력했고, 가능한 사람들에게 연락했다. 부산 동래의 윤인구는 일본과 호주에서 신학을 공부하고 미국 프린스턴과 영국 에딘버러에서 잠시 청강하고 돌아와 호주 선교부가 경영하는 복음농민학교를 맡고 있었는데, 합류하겠다고 응답했다. 미국에 유학한 조희염은 조선신학교 설립 논의부터 열심이었지만 원산에 자리를 잡아 올 수 없었다. 송창근은 아직도 보석중이어서 어려웠다. 신의주 제이교회에서 목회하던 한경직은 신사참배반대로 일제로부터 설교 금지조치를 당한 후 고아원을 경영하

---

36) 민경배는 이 표현을 김재준이 "한국교회사의 과거 전부를 '부재'(不在)로 단정하고, 이 단절된 교회사의 새 시작을 다짐하면서 그 주역으로 자처했다"고 비판했다(『한국기독교회사』, 448쪽 참조).
37) 송길섭, 『한국신학사상사』, 347-348쪽; 유동식, 『한국신학의 광맥』, 서울: 전망사, 1982, 204쪽.

고 있었지만, 교수직을 사양했다. 그리하여 결국 윤인구와 김재준만 정교수로 초빙하기로 함태영 목사가 이사장으로 있는 이사회에서 결정했다. 강사로는 전필순(신약), 이정로(신약), 현제명(음악), 김창제(웅변술), 갈홍기(종교철학), 야무구치(일본의 언어와 사상) 등이 참여했다.

교수가 부족한 상황에서 김재준은 자신의 전공으로 여기고 있는 구약과목뿐 아니라 조직신학, 교회사, 실천신학 등도 가르쳐야 했다. 또한 윤인구가 원장 실무를 보았기 때문에, 나머지 행정일과 궂은일도 도맡아 해야 했다. 그것은 학감일에서부터 청소부일까지를 모두 포함하는 것이었다.

조선신학원에서도 김재준의 별명은 역시 '천지(天地)'였다. 강의하면서 학생을 쳐다보는 일이 없이 땅 한 번, 하늘 한 번 번갈아 쳐다보면서 강의했기 때문이다. 교실 뒤편에서는 귀를 기울여도 알아듣기 어려운 낮은 음성, 별로 웃는 일도 없었고 유머가 서툴러 스스로 쑥스러워하는 태도 등은 예나 지금이나 마찬가지였다. 한번은 짓궂은 학생이 다음과 같은 질문을 했다.[38]

"왜 하나님이 자기 형상대로 사람을 지으셨다는데 죽을 수밖에 없는 존재로 지으셨습니까?"

---

[38] 조향록, 「초기 조선신학원 시대의 장공 선생님」, 『장공이야기』, 99-100쪽.

학생들이 모두 웃었다. 김재준은 가만히 있다가 퉁명스럽게 대답했다.

"하나님이 사람을 죽게 만든 것은 잘한 일이야. 나쁜 놈들이 죽지 않고 모두 오래 살면 세상이 어떻게 되겠나!"

시련의 시작

신학원을 시작하고 한 학기가 지나자 시련이 닥쳐왔다. 설립자인 김대현 장로가 9월에 세상을 떠났고, 2대 원장이 된 윤인구가 신령회 사건으로 검속(檢束)되었던 것이다. 서울의 목사들도 모두 구속되었다. 그러나 이때 김재준은 구속되지 않았으며, 자신이 구속되지 않은 것에 대해서 의아하게 생각했다. 그는 만주의 동만노회에서 목사 안수를 받고, 함북노회원으로 이명한 상태였는데 아마도 그가 서울노회원이 아니었기 때문에 구속을 면한 것이 아닌가 하는 생각도 들었다.

신령회 사건으로 인해 가르치는 사람은 김재준과 약초교회(현 초동교회)를 목회하며 신학원에 강사로 나오는 야마구치[山口重太郎] 목사 둘뿐이었다. 김재준은 위기일수록 더욱 분발해야 한다고 생각하여 시간표를 새로 짜고 합반하면서 열심히 강의했다. 그러던 어느 날 형사 한 명이 찾아와 강의중인 김재준을 불러내어 종로경찰서 취조실로 데리고 갔다.

"신령회란 것을 아는가?"

"모른다."

"신학교 교수가 그걸 모를 리 있는가?"

"알면 안다고 하지 왜 모른다고 하겠는가?"

"목사들이 왜 다 잡혀갔는지 아는가?"

"그걸 당신이나 알지 내가 어떻게 알겠는가?"

이러한 취조가 계속되고 난 뒤, 김재준은 다음과 같은 말을 듣고 풀려났다.

"당신도 으레 넣어야 할 건데 당신까지 없으면 학생들이 동요되고, 그 학생들이 시골에 흩어져 이런저런 이야기를 퍼뜨리면 민심이 불안해지기에 도로 나가게 하는 거요. 나가서 아무 얘기 말고 가르치기만 해요. 그리고 모른다던 것을 금후에라도 알게 되면 알리시오."

윤인구 학장이 40일 만에 풀려나고 수업은 유지되었지만, 조선신학원의 앞날은 풍전등화처럼 예측 불허였다. 먼저 총회와의 관계가 난제였다. 1940년 9월에 열린 장로교 총회 "'조선신학원 경과보고' 중 '장로회 목사 양성'을 '장로회 교역자 양성'으로 개정해서 채용, 가결된 사실이 보고되었다. 이것은 조선신학원 출신에 대한 목사 자격 부여의 거부"[39]를 의미했다.

---

39) 민경배, 『한국기독교회사』, 448쪽.

당국의 재(再) 인가도 문제였다. 1년이 지나 인가가 만료되어 재신청을 했으나, 평양신학교 측과 평남도지사의 항의로 도청은 난처한 입장에 처했다. 그리고 두 달이 지나서야 '이번만'이라는 조건부로 인가를 내주었다. 다시 1년이 지나고 인가 신청을 했다. 그러나 이번에는 인가가 나오지 않았다. 모두들 마음이 초조했지만, 그래도 수업은 계속 했다. 그러던 중 학교령에 의해 경영하는 성결교회의 경성신학교와 통합하고 이에 감리교신학교도 함께 참여하자는 논의가 나왔다. 그러나 경성신학교 측의 갑작스런 거부로, 1942년 12월 29일부터 감리교신학교와 조선신학교만 통합되어 감리교신학교 교사에서 수업을 하게 되었다.

1943년 초 새로운 위기가 닥쳤다. 혁신교단사건이었다. 총독부가 주도하여 장로교와 감리교를 합하여 혁신교단을 만들고, 조선신학원과 감리교신학교는 합동하여 혁신교단신학교로 발족시켰다. 조선신학원의 전필순 이사장과 윤인구 원장은 이에 적극 가담했다. 그리하여 전필순은 초대 통리로 추대되고 윤인구는 교학국장으로 선임되었다. 그러나 김재준은 혁신교단의 설립을 반대하고 사표를 제출했다.

"나는 조선신학원 설립자와 이사장의 초빙으로 교수직에 있었는데 이제 조선신학원이 없어졌으니 내 직책도 없어졌기에 사임서를 보낸다."

뚝섬 집에서 가족들과 함께. 3남 3녀를 둔 가장이었지만 박봉과 일제말 최악의 경제 사정으로 극심한 가난에 시달렸다.

　김재준은 설립자에게 사직서를 내고 뚝섬 집에 머물렀다. 일종의 농성이었다. 그동안 가족들은 용정에서 창꼴 집으로 가 있다가 서울 전농동 집에 와 합류한 뒤, 1년쯤 살고 다시 뚝섬으로 이사한 상태였다. 전농동 집의 잔금 낼 형편이 안 되어 집값이 더 싼 뚝섬으로 이사했던 것이다. 뚝섬의 집은 좀더 크고 방수도 괜찮았지만, 땔감과 먹을 것이 부족하여 살림이 넉넉하지 못하였다. 어려운 살림에 3남 3녀의 자식을 둔 가장이 아무런 대책도 없이 사표를 내버린 것은 무모한 행동이었는지도 모른다. 그러나 그의 대책 없는 사표 제출은 이번이 처음은 아니었다. 그는 이미 신사참배를 반대하여 숭실 숭인상업학교에 대책 없는 사표를 제출한 적이 있었다.

김재준이 사임했다는 소문이 평양신학교에 전해졌다. 당시 평양신학교 교장은 채필근 목사였는데 그는 조선신학교 설립을 추진하면서 교장자리까지 약속받았지만 평양신학교 교장으로 가버렸었다. 평양신학교는 교무이자 청산학원 후배인 김덕준을 통해 이 학교 교수로 김재준을 초빙한다는 공문서와 생활비를 보냈다. 봉급도 조선신학원의 배나 되는 액수였다. 그러나 그는 정색하며 다음과 같이 말했다.

"나는 신학을 상품으로 매매하는 신학 장사치가 아니오. 내 일용할 양식은 하나님이 주실 것이니 그런 걱정은 말고 이 돈 봉투들은 도로 가지고 가시오!"

어려운 살림에 더 좋은 조건의 일자리는 유혹일 수도 있었지만, 그는 그들과 함께할 수도 없었고, 하고 싶지도 않았다. 조선신학교의 설립에 반대했던 평양신학교 관계자들이나 조선신학교의 설립자인 고 김대현 장로, 자신의 신학적 입장과 신학교육에 대한 이상, 지금까지 조선신학원에 쏟았던 노력 등을 생각할 때 거절하는 것이 자신의 삶의 원칙에 맞는 것이었다.

김덕준을 돌려보낸 어느 날 밤 졸업반 학생이 찾아 왔다.

"우리는 선생님의 강의를 듣기 위해 왔고 선생님도 우리를 가르치기 위해 오신 것 아닙니까? 교회 정치꾼들이 '조선신학원'이란 간판을 갖고 가든 말든 그게 무슨 큰일입니까? 나와서 가르쳐만 주십시오."

"학원의 법적 책임자는 설립자이니 설립자에게 말해 보시오."

당시 설립자는 김대현 장로의 아들 김영철 장로였고 이사장은 함태영 목사였다. 얼마 후 이들은 조선신학원을 재건하자고 김재준에게 말했다. 이를 위하여 그를 학원장으로 선정하고, 이사로 보선된 무라기시[花村美樹] 목사가 시무하는 정동의 일본인 교회 예배당에서 수업을 진행하기로 했다.[40] 조선신학원 이사회록을 혁신교단으로 가지고 자기들이 정통이라고 주장하는 전필순과 윤인구에게는 최후통첩을 보냈다.

"우리는 조선신학원을 다시 시작한다. 당신들에 대한 우리의 문은 열려 있다. 돌아와 같이 일하자. 그러나 이 달 00날까지 아무 회신이 없을 경우에는 우리와 당신들과의 관계는 단절된 것으로 알겠다 ······."

이들에게서 회신이 올 리 없었다.

학원장직을 수락한 김재준은 이 일을 송창근에게도 알렸다. 그러나 김재준을 사랑하는 송창근의 회답은 꾸지람과 한탄이

---

40) 광화문 조선일보사 사옥 뒤편에 있던 이 교회건물은 해방 후 덕수교회에서 사용하다가 1984년에 이 교회가 성북동으로 이전할 때 조선일보사에 팔렸다.

었다.

"설립자는 누구고 이사장은 누구고 원장은 누구였더냐? 모두 서울 교계의 중진이 아니었더냐? 신학원을 혁신 교단에 끌고 간 것은 누구고 동조자는 누구였더냐? 모두 서울노회원이 아니냐? 그런데 이때까지 한마디 말없이 내버려뒀다가 이제 다 죽은 송장을 장공더러 건사하란 말이냐? 신학원은 벌써 총독부 뱃속에 들어갔지 않으냐? 장공이 그걸 맡는다면 호박 쓰고 돼지 굴에 들어가는 것이다 ……."

송창근의 충고에 김재준은 "이미 맡아 버렸으니 이제 와서 번의할 수도 없고, 어려울 때 하나님이 도우실 것으로 믿는다……"는 내용의 회답을 보냈다.

1943년 초여름 조선신학원은 재개되었으나 인가가 없어 도경에서는 불법집단이라고 위협했다. 구약은 유대 민족의 세계정복을 위한 야심에서 씌어진 책이니, 총독부가 만든 『구약교본』대로 가르치라고 강요하기도 했다. 형사가 아침부터 퇴근할 때까지 사무실에 와 있었고, 헌병대는 강의에 참석하여 감시했다. 그러나 김재준은 유치하게 씌어진 『구약교본』을 무시하면서 구약을 더 열심히 가르쳤다.

재정적인 위기도 닥쳤다. 일제가 설립자인 김영철 장로에게 돈을 내지 말 것을 위협하자 돈줄이 끊긴 것이다. 김재준은 졸업생들에게 편지를 보내 담임하는 교회에서 헌금해 줄 것을 호소했고 총회에도 보조를 요청했다. 다행히 총회 보조 3천 원과 각 교회의 헌금으로 겨우 꾸려나갈 수 있었다.

일제말이 되면서 신학원은 더욱 어려워졌다. 신입생 모집을 못한 상태에서 재학생들에게 징용장이 나오기 시작한 것이다. 동이나 면서기 등으로 취직하면 징용을 면하기 때문에 학생들은 학교를 떠나기 시작했다. 징용장을 받고 도망가는 학생들도 있었고, 독립운동에 가담하다 감옥에서 죽은 학생도 있었다. 징용에 대한 대책이 없으면 신학원 유지는 불가능하다는 생각을 했다. 논의 끝에 40여 명 학생 전원이 근로봉사에 참여하기로 하고 평양의 공장으로 갔다. 학생들은 낮에는 우산공장과 선반공장 두 곳에서 나누어 일했고 밤에는 공부했다. 그는 신학원을 지키며 몰래 입학시킨 7명의 학생들을 가르쳤다. 이러한 그의 노력으로 다른 신학교들은 모두 문을 닫았지만, 조선신학원의 명맥만은 유지되었다.

그러던 중 드디어 일제로부터 한민족이 해방되었다. 1945년 8월 15일. 그는 도농(현재 남양주시 지금동) 집에서 해방을 맞았다. 뚝섬에서 살던 중 식량이 부족하여 어려울 때에, 조선신학원 졸업생인 이춘우가 뚝섬 집을 팔아 도농에 집과 땅을 사서 감자 농사를 지으면 식량이 될 것이라고 권하여 이사했었다. 그리하여 그는 이곳의 초가집에 살면서 밭에 감자 농사를 지어 먹거리를 해결하기도 하고 이춘우 집에서 쌀을 확보하기도 했다. 그렇지만 대식구가 하루에 두 끼 먹기도 힘들어 김재준은 도시락을 싸는 것도 그만두어야 했다. 이런 어려운 살림에서도 그동안 맏딸은 정신여고를 졸업하자마자 결혼하여 만주로 갔다. 취직하거나 결혼하지 않으면 정신대로 끌려가기 때문에 결혼을 서둘렀는데, 큰조카의 중매로 은진중학교 시절 제자였다가 할빈의대를 졸업하고 의사가 된 신영희를 사위로 맞이한 것이다.

6. 해방 직후 혼돈의 시대에

무너진 땅을 다시 세우며

해방을 맞이하자 김재준은 조선신학원 재건에 힘썼다. 이를 위해서 송창근, 한경직 등을 교수로 청빙했다. 이들 세 사람은 프린스턴신학교 시절 공부가 끝난 뒤 한국 신학교육의 질적 향상을 위해 함께 일하자고 했었다. 그들은 선교사 중심의 한국 신학교육이 새로워져야 한다는 점에서 의견일치를 보고, 송창근은 목회신학, 한경직은 신약학과 교회사, 김재준은 구약학을 전공하여 함께 일하기로 했는데, 이제 그 꿈을 실천할 때가 된 것이다. 그들은 조선신학원을 재건하여 남자 신학교로 하고, 여자 신학교는 신설하여 한국 신학교육의 새로운 장을 열기로 했다.

이사장 김종대 목사가 천리교 재단이 아직 접수되지 않았다는 것을 알아 왔다. 당시 천리교는 방대한 재산을 가지고 있었다. 서울역 건너편 동자동에 본부 건물과 관장을 비롯한 간부들의 사택도 있었다. 또한 시내 40여 처소에 천리교회가 있었는데, 제일 큰 교회가 현재의 영락교회 자리에, 두 번째 큰 교회가 현재의 경동교회 자리에 있었다.

김재준은 한경직과 함께 미군정청, 시청 등 관련 기관을 찾아다니면서 교섭했다. 천리교는 재산을 유지하기 위하여 이미 한국인을 내세워 원예학교로 설립인가까지 받았지만, 미군정 당국의 도움으로 해결되었다. 동자동 본부 건물은 조선신학원 캠퍼스로 쓰기로 하고 원장이 된 송창근이 관장 사택에 입주했다. 김재준은 언덕에 있던 직원 사택에 입주했다. 또한 현재 영락교회가 있는 경성제일교회 자리에는 일본식 정원과 5층 건물의 기숙사, 기숙사 아래층의 집회실 그리고 소강당 등이 있었는데, 여기에는 여자 신학교를 세우기로 하고 교장인 한경직은 구내 사택에 살면서 그곳을 돌보기로 했다.

이러한 상황에서 여자 신학교 캠퍼스에 문제가 발생했다. 이북의 피난민들이 한경직을 찾아와 "하룻밤만"하면서 빈 방에 짐을 풀고 눌러 앉아버리는 것이었다. 몇 주일이 지나자 여자 기숙사는 피난민 수용소가 되어 버렸다. 이 때문에 긴급 이사회가 소집되어 한경직에게 책임을 추궁했고, 한경직은 사표를 제출했다. 그리고 이사회는 그 사표를 수리할 태세였다.

송창근과 김재준은 우리도 책임이 있다면서 즉석에서 사면서를 써냈다. "이사회로서는 재고할 수밖에 없었다. 선후책으로 여자 신학교는 동자동에 옮겨 조선신학원 여자부로 하고 한경직은 송창근, 김재준과 함께 조선신학원 교수로서 사택만 영락정에 두기로 했다. 그리고 피난민들은 즉시 다른 데로 옮길 것을 역시 한경직에게 책임을 맡겼다. 하지만 한경직의 성격으로는 단행하기 어려운 요구였던 것이다."41)

한경직은 약속한 대로 시행할 수 없었다. 피난민들을 옮긴다는 것은 불가능했다. 그들에게 나가라고 하는 것은 길에 나앉으라는 것을 의미했다. 그러던 중 조선신학원 측을 화나게 하는 사건이 벌어졌다. 영락교회 측에서 군정청과 교섭하여 영락정 적산을 이중으로 임대차했고, 동시에 그곳에 예배당 건물을 신축하기 시작했던 것이다. 함태영 이사장이 찾아가 공사를 중지시키려고 했지만 봉변만 당하고 돌아왔다. 한경직은 김재준에게 딱한 사정을 말했다.

"나는 원리대로 하려는데 내 말이 통하지 않아서 언제나 약속대로 되지 않소. 그렇지만 불하할 때에는 조선신학원 이름으로 불하하도록 하겠소. 이것만은 믿어주시오! 교회에서도

---

41) 한경직은 이때 꾼 돈과 동지들에 대한 미안함을 생각해서인지 1969년 3.1절 50주년 기념주일 날 영락교회에서 영락여자신학교를 설립했다. 그리고 은퇴한 뒤에는 영락여자신학교가 있는 남한산성에서 노후를 보냈다(조성기, 『한경직 평전』, 175-176쪽 참조).

그렇게 결정했다오!"

그러나 이 약속도 지켜지지 못했다. 적산 관리국에서 불하 통지가 와서 가보니, 어제 이미 영락교회 측에서 불하해 갔다는 것이었다. 김재준은 배신감을 느꼈고 송창근도 절교한다며 흥분했다.

김재준이 지적한 대로 한경직의 유순한 성격으로는 피난민 이주의 약속을 지켜낼 수 없었으며, 그것은 김재준과 조선신학원 측을 화나게 했다. 그러나 영락교회 측에서 볼 때에, 피난민들을 나가게 하라는 요구는 무리였다. 목숨을 걸고 자유를 찾아 이북에서 피난 온 성도들을 교회에서 따뜻하게 맞아주는 것은 도리였기 때문이다. 그들은 갈 곳이 없었고 생존의 문제에 직면해 있었다. 피난민으로 예배당이 차고 넘치는데 바로 옆에 있는 기숙사를 비워둔 채로 놔두는 것도 도리에 맞지 않았다. 신학교로 임대한 땅인데, 같은 장로교단 교회의 '성전' 건축을 방해하는 것은 말도 안 되었다. 그 땅은 조선신학원 측이 돈을 주고 산 것이 아니라 일본인들의 적산을 공짜로 임차대한 것이었기에 더욱 그러했다. 결국 이 문제는 6.25 동란중 영락교회 김치복 장로가 조선신학원 측에 몇 십억 원을 전달함으로써 일단락되었다. 그 당시 한경직은 조선신학원에 갚을 돈을 모금하러 미국을 방문중이었는데, 그의 모금액은 조선신학원 측에서 요구한 액수에 못 미치는 금액이었다.42) 김재준은 영락교회 사건의 마무리를 이렇게 회상했다.

"영락교회 대표가 신학교 이사장 김종대와 나를 찾아 교무실에 왔다. 별실에서 만났다. 영락교회에 불하한 기지에 대한 사례금이라면서 그때 돈 몇 십억 원이던가를 갖고 왔다. 계쟁 사건을 마무리 짓자는 것이었다. 김종대도 나도 '좋다'고 수락했다. 일인들이 버리고 간 시체를 서로 먹겠다고 아옹다옹하다가 6.25란 징벌을 받았는데 이제 또 묵은 싸움을 되풀이하기는 싫었다. 이제부터 깨끗한 손으로 재건해야 하겠다. 우리는 회개하는 심정으로 받아들였다. 교무실에서 교수들에게

---

42) 현 영락교회 부지문제에 대해 영락교회 측의 입장은 다음과 같다. "경직과 김재준이 해방 직후에 미군정 당국을 찾아가 서울에 있는 40여 군데의 천리교 토지와 건물들을 거의 공짜로 얻게 되었는데, 8년쯤 지난 1953년에 이르러 조선신학교는 자기네 이름으로 계약이 되어 있는 토지와 건물이니 영락교회는 거기에 대한 대금을 지불하라고 하였다. 그렇지 않으면 영락교회 구내를 반으로 갈라 철조망으로 둘러치겠다는 것이다. 철조망으로 출입이 통제되는 불상사를 막기 위해 교섭하였으나 조선신학교 측에서 처음에 요구하던 3천만 환은 시간이 지남에 따라 6천만 환, 8천만 환, 1억 환, 1억 2천만 환으로 자꾸만 늘어갔다. 거의 공짜로 얻은 땅이 자기네 이름으로 계약이 되어 있다 하여 그런 엄청난 돈을 요구하는 것은 있을 수 없는 일이었다. 봉이 김선달이 따로 없었다. 하지만 경직은 재정이 어려운 조선신학교에 헌금을 하는 셈치자 하고 김치복 장로에게 교섭을 하도록 일임하고 미국으로 가서 모금운동을 벌였다. 그런데 김치복은 경직이 미국에 가 있는 사이에 자신의 개인 재산으로 조선신학교 측에서 요구하는 거금을 대신 지불하고 1870평에 대한 권리를 확보하였다"(조성기, 『한경직 평전』, 160-161쪽).

보고했다. 정대위는 펄쩍 뛰었다. 영락교회 전술에 말려들어 장차 몇 백 억으로도 살 수 없는 요지를 개 값에 팔아버렸다는 것이다. '우리가 언제는 돈을 쌓아 놓고 신학교를 했나요? 필요하면 또 하나님이 주실 거요!' 나는 위로했다. 사실 재산 갖고 목사끼리 싸우기는 싫다 못해 진저리났던 것이다. 그 돈으로 선생과 학생이 얼마 동안 살았다."

재건된 조선신학교는 비교적 순탄하게 운영되었다. 문교부에서 인가도 받았고, 송창근의 주선으로 거제도의 부동산도 기부받았다. 교수진도 충원하고 학생수도 늘어났다. 당시에 대학인가를 받은 신학교는 조선신학교뿐이었기 때문에 평양신학교, 만주의 봉천신학교, 일본신학교, 북경과 남경신학교 등의 재학생들뿐만 아니라 감리교, 성결교 등 타 교단 학생들까지 전·입학하여 350여 명이나 되었다. 이들 중에는 근본주의 신학을 접한 학생들도 있었고, 진보적인 신학을 접한 학생들도 있었다. 그의 구약개론, 구약강해 시간에는 학생들이 강당에 꽉 찬 채로 열심히 듣고 필기했다. 그는 모세오경을 역사비평학적으로 해석했고, 「창세기」의 문서설도 소개했다. 그의 강의에 대해서는 "이단 교수다", "신 신학이다" 등등의 뒷공론도 있었지만, 크게 문제시되지 않았다. 자신에 대한 이러한 평가는 평양 숭인상업학교 교목으로 있으면서 『신학지남』에 글을 발표할 때 이미 받은 것이었다. 1946년에는 이북 교회와의 연합이 단절된 채 '남부대회'라는 이름으로 남한의 장로교회로 구성된 남부만의 총회가 열렸는데, 여기에서 조선신학교는 총회 직영 신학교로 승인받았다.

김재준은 신학교를 재건하고 학문만 가르친 것이 아니라, 『오버린 전기』를 번역하여 신학생들에게 목회의 길잡이를 제시하기도 했다. 그는 1946년 8월 무더운 날씨에 이불을 뒤집어쓸 정도로 몸이 매우 불편한 가운데서도 이 책을 번역했다. 오버린은 1740년에 태어나 1826년에 죽은 프랑스의 개신교 목사였는데, 보수적인 산간 농촌 교회에서 평생을 목회하며 교인들의 생활 향상과 그 지역의 발전에 기여했던 인물이었다. 그는 학생들이 이러한 인물이 되기를 원했던 것이다. 이 책을 번역할 때 한 학생이 문병을 왔다가 물었다.[43]

"목사님, 무엇을 쓰고 계십니까?"

"내가 지금 병에서 나아 일어날 자신이 없어. 그래서 내가 지금 죽으면 제자들에게 무엇인가 남길 것이 있어야 하겠기에 …… 그래서 유언으로 이것을 남기려고 …… ."

송창근, 김재준, 한경직 이 세 사람은 조선신학교 재건에 힘썼을 뿐만 아니라, 각자 교회도 개척했다. 1945년 12월 첫 주일에 송창근은 동자동 천리교 본부 회당에서 선교와 목회

---

43) 강원하, 「늘 새롭게 회상되는 은사 장공 선생님」, 『장공이야기』, 22-23쪽.

를 주목적으로 한 '바울교회', 한경직은 피난민들을 중심으로 영락정 천리교 경성 제일교회 자리에서 '베다니교회',[44] 김재준은 장충동 1가에 있는 천리교회 자리에서 지성인들과 학생들을 위한 특수 교회를 지향하는 '야고보교회'를 각각 시작했다. 야고보교회라는 명칭에는 김재준의 목회철학이 반영되어 있는데, 교회 이름을 그렇게 붙인 이유를 다음과 같이 말했다.

"김재준은 지성인을 상대로 복음을 증거한다. 그 설교는 설교라기보다는 강연이었다. 지성인은 비판적이다. 자기 이성에 납득이 가지 않는 한, 그는 움직이지 않는다. 그들은 '생활'을 본다. '그 열매를 보고 그 나무를 안다'는 예수의 말씀을 그들은 옳게 여긴다. 신약성경 가운데서 이 점을 가장 강조한 것이 야고보였다. 생활로 나타내지 못하는 믿음은 죽은 믿음이다. …… 말하자면 '신앙생활'이 아니라, '생활신앙'이다. 이런 것은 처음부터 장공 자신의 주장이었기에 교회 이름도 '야고보교회'로 된 것이었다."

하지만 경기노회에 가입할 때 이름이 문제가 되었다. 지금까지 한국 교회의 이름은 거의 전부 그 소재지 이름을 따서 썼기에 고치라는 것이었다. 그리하여 야고보교회는 서울 동쪽에 있다고 해서 '경동교회'로 개명했다. 바울교회는 성남 쪽

---

44) 당시 철자로는 '벧아니 전도교회'였는데, 27명의 피난민들과 함께 예배드림으로 시작되었다.

에 있다고 해서 '성남교회'로, 베다니교회는 이북 피난민들의 마음의 보금자리라는 뜻에서 '영락교회'로 개명했다.

김재준은 야고보교회의 강단을 지키기 위하여 주일 아침, 저녁 그리고 수요일 밤에 가족들을 데리고 동자동 사택에서 장충동 교회까지 먼 길을 걸어서 오갔다. 그의 설교는 부흥사처럼 사람들의 감정을 자극하여 감동을 주거나 웅변가처럼 목소리를 높여 외치는 것이 아니었다. 청중을 바라보는 일이 없이 원고 한 번 쳐다보고 천장 한 번 쳐다보는 일이 계속되었다. 강의에서뿐만 아니라, 설교에서도 '천지(天地)'인 셈이었다. 그렇지만 원고는 늘 논리 정연했고 차분하게 읽혀졌다. 마지막에 가서는 사람들의 마음을 흔들어 깨우는 힘이 있었다. 그리하여 마음이 컬컬하고 지성에 목말라 하던 많은 젊은이들이 그의 설교를 듣기 위해 찾아왔다.

경동교회에는 은진중학교 시절 학생이었던 강원룡이 처음부터 참여하여 '선린형제단'을 만들어 거기서 합숙하며 주일학교를 시작했다. 선린형제단은 1935년 전후 북간도 용정 지역에서 기독학생운동에 참여했던 사람들이 주축이 되어 형성되었는데, 경동교회는 북한이나 만주 등지에서 자유를 찾아 서울로 온 젊은이들에게 긴급하게 필요한 숙식문제를 해결해 주었던 것이다. 이들은 경동교회를 중심으로 활동하면서 담임 목사인 김재준의 지도 또한 당연히 받았다.

근본주의에 맞서

조선신학교를 통한 신학교육의 실현과 경동교회를 통한 지성인 목회의 실현으로 김재준은 학문과 목회에 전념할 수 있었다. 그러나 그의 신학을 '신 신학'이니 '자유주의'니 하면서 정죄하는 한국 교회의 뿌리 깊은 근본주의 신앙은 해방 후에도 그를 내버려 두지 않았다. 미국 장로교회에서는 이미 1929년 총회에서 근본주의 문제를 정리하고 근본주의자들이 떠났지만 한국 장로교회에서는 그러하지 못했다. 오히려 그 반대 방향으로 진행되었다.

1930년대 말 이후 조용하던 근본주의자들과의 논쟁이 해방 이후 왜 다시 일어났는가? 김재준은 그 이유를 다음과 같이 말했다.

"…… 교회에는 사상적 갈등이 점차 첨예화하게 되었던 것이다. 여기서 성경은 비판할 것이 아니라, 글자 그대로 받아들일 것뿐이라는 교회 지도자들과 그렇지 않은 분들과의 사이에 갈등이 생김과 동시에 여러 가지 부수적 요소가 작용하여 갈등은 더욱 첨예화하였다. 그 부수적 요소들 중에 얼마를 적어 본다면, ① 미국에서 다시 들어온 옛 선교사들이 해방 전의 자기들의 지도 이념을 회복해 보려는 저의를 버리지 못한 것, ② 이북에서 피난 남하한 한국 교회 지도자들과 교우들이 60년래의 보수 신앙에 향수를 느낀 것, ③ 맨주먹으로 남하한 의탁 없는 피난민으로서의 좌절감을 보충하기 위한 무비판적인 광신 경향, ④ 경제생활 방도를 위한 선교사 의존 심리, ⑤ 새 시대의 신학으로 무장한 후진들의 교회 진출에 대한 구세대로서의 의구심, ⑥ 비판을 꺼리고 권위에 의존하려는 대중심리의 영향 등이라 할 것이다."[45]

근본주의자들과의 논쟁, 즉 진보와 보수의 갈등은 단순히 신학적인 문제뿐만 아니라 해방 이후 분단된 조국과 교회의 상황이 반영되어 있다는 것이다.

이러한 갈등은 조선신학교 내부에서부터 시작되었다. 1947년 4월 대구에서 총회로 모이기 일주일 전쯤, 조선신학교 학생들 중 51명이 김재준과 몇몇 교수들이 신 신학을 가르친다고 주장하며 총회에 호소하려 했다.[46] 그들은 문익환이 회장

---

45) 김재준, 「전후 한국교회 20년사 비판」, 『기독교사상』, 1965/8,9, 16-25쪽.
46) 송창근의 전기를 쓴 주태익에 의하면 신학생 이일선이 쓴 『이상촌』이란 책에 김재준이 서문을 써주었는데 이것이 문제의 발단이 되었다고 한다. "그 책 내용에 농번기 농촌의 실정으로 주일 예배를 밤이나 새벽에 보게 하고 주일날에도 농군들이 일을 할 수 있게 제도화하는 것이 현명하겠다는 내용이 있는데, 주일성수를 이렇듯이 파괴하자는 책에 교수가 글을 쓸 수 있느냐 하는 데서부터 비롯되었다." 주태익은 이러한 논란의 배후에는 평양에서 월남한 K목사의 감정싸움이 있었다고 전한다. 주태익에 의하면, K 목사는 조선신학교에서 교회사를 가르치려고 하였으나 거절당했다. 게다가 그가 송창근과 잘 아는 여성과 결혼하려 했는데, 송창근이 재

조선신학교 교직원들과 함께. 앞줄 가운데가 김재준이다.

으로 있는 학우회에서 결의를 얻어 이 일을 추진하고자 했지만 실패하자 팸플릿을 만들어 총회원들에게 배부했다. 조선신학교의 신학교육은 자신들이 어릴 때부터 믿어오던 신앙과 성경관을 근본적으로 뒤집어 버린다고 주장하면서 김재준의 강의 내용인 오경의 문서설, 성경의 고등비평, 칼빈의 예정론 해석 등을 문제 삼았다. 그러면서 그들은 서울에 장로교 정통

혼을 상의하는 그 여성에게 K 목사의 인품을 부정적으로 이야기하면서 반대했다. 그러나 이 여성은 결국 재혼하였고, 자신에 대한 송창근의 부정적인 평가를 전해들은 K 목사는 보복하는 심정으로 이를 문제시하여 송창근과 그가 교장으로 있는 학교에 어려움을 주려고, 학생들을 선동하고 그 비용과 방법까지 제시해 주었다는 것이다(만우 송창근 선생 기념사업회 편, 『만우 송창근』, 103-104쪽 참조).

신학교를 세워 줄 것을 요구했다. 이에 대해 총회가 심사위원회를 구성하여 조사에 착수하기로 하자 김재준은 '진술서'를 통해 "성경은 하나님께서 구속의 경륜을 수행하신 역사적 계시"라는 자신의 신앙고백을 밝혔다. 그리고 면담을 통해 "신구약성경은 하나님의 말씀으로 신앙과 본분에 정확무오한 유일한 법칙임을 믿으며, 사도신경과 장로교 신조를 그대로 믿는 것을 하나님이 아실 것이다"고 말하기도 했다. 이로써 총회는 그의 신앙이 이단이 아님을 확인하고 일단락지었다.

1948년 박형룡이 부산 고려신학교 교장직을 그만두고 상경하면서 김재준과 조선신학교의 문제는 다시 불거졌다. 평양신학교의 폐쇄 이후, 박형룡은 신사참배를 반대하던 주기철 목사와 다투다 일본에 잠깐 머문 뒤, 이미 신사참배를 하고 있었던 만주의 봉천신학교에서 교수로 재직하다 귀국했었다.[47] 봉천신학교는 여러 교파가 연합하여 설립한 에큐메니칼 신학교였다. 박형룡은 총회의 요청으로 김재준의 '진술서'를 검토한 뒤, 김재준이 "성경의 파괴적 고등비평의 수호자와 자유주의 신학의 옹호자로서 자인함이 명백하다"라고 결론내렸다. 이러한 결론을 내린 구체적인 이유 중의 하나로 김재준이 오경의 모세 저작권을 부정한다는 것이었다.

---

47) 민경배, 『한국기독교회사』, 450-451쪽.

"…… 모세가 오경의 저자가 아니라고 하는 것은 모세가 오경의 저자로 말한 구약 여러 책의 증거와 …… 신약의 그리스도의 증거와 …… 다른 책들의 증거와 권위를 무시하고 욕함이며, 따라서 선지자, 그리스도, 사도들의 교훈과 기록에 불신임을 선언하여 성경 전부의 권위를 의문케 함이니 …… ."

김재준에 대한 박형룡의 정죄의 배경에는 당연히 성경문자주의를 집요하게 고집하는 그의 근본주의 신학이 자리잡고 있었다. 이것은 분명 당시 세계 교회의 신학과는 동떨어진 것이었다. 오경에 모세의 정신과 가르침이 담겨 있다는 것은 분명하지만, 현대적 의미에서 모세가 오경의 직접적인 저자라고 하는 주장은 소수의 근본주의자들만이 외치는 것에 불과했다.

여기에서 우리는 다음과 같은 물음을 던질 수 있다. 총회는 왜 하필 김재준의 성경관을 다시 문제 삼았고 그에 대한 평가를 박형룡에게 요청했는가 하는 점이다. 이에 대한 적절한 대답은 유동식의 다음과 같은 분석에서 찾을 수 있다.

"당시 서울에는 이미 장로회 신학교인 조선신학교가 존재하여 있었다. 문제는 그 신학교의 신학노선이었던 것이다. 조선신학교는 소위 자유주의 신학자로 알려진 김재준이 학문적인 주도권을 쥐고 있었다. 그러므로 보수주의적인 정통신학을 장로교의 전통신학사상으로 확신하고 있는 박형룡과 교역자들은 보수주의적인 신학교 재건운동에 나서지 않을 수 없었던 것이다. 당시 박형룡이 가졌던 신학자로서의 사명은 김재준을 자유주의 신학자로 단죄함으로써 보수주의 신학을 확립·지속하는 일이었다. 그리하여 그는 김재준을 비판하는 데 힘을 썼다. …… 조선신학교를 보수주의로 개혁하려고 하였으나 여의치 않아 결국 박형룡을 임시 교장으로 한 또 하나의 장로회신학교를 열었다(1948). 그리고 그 다음 해 총회에서는 이 신설 신학교를 총회 직영으로 결의함으로써 보수주의의 승리를 강요했다."[48]

여기에서 다시 우리는 다음과 같은 질문을 던질 수 있다. 김재준은 왜 근본주의자들과 타협하지 않고 끝까지 투쟁하면서 자신의 소신을 굽히지 않았는가 하는 점이다. 먼저 개인적인 측면에서 그가 받은 신학교육, 그리고 근본주의 신학의 주장과 그 허구성에 대한 파악 등은 그로 하여금 도저히 타협할 수 없게 만들었다. 그는 프린스턴신학교에서 메첸 등으로부터 근본주의 신학을 공부하면서 그 허구성을 이미 파악한 상태였기 때문이다.

다른 한편, 한국 장로교회의 앞날을 생각할 때 그는 근본주의 신학을 거부해야 했다. 미국 유학 시절 근본주의자들로 인하여 미국 장로교회가 분열되는 현실을 그는 이미 직접 목격

---

48) 유동식, 『한국신학의 광맥』, 190-191쪽.

했었다. 따라서 한국 장로교회가 근본주의 신학을 지속한다는 것은 미국을 비롯한 세계 장로교회와의 유대에서 끊어지는, 한국 교회의 고립을 의미했다. 근본주의자들은 이미 미국 장로교회에서 추방되었고, 그들은 세계 교회와의 연대인 에큐메니칼 운동을 거부하는 자들이었다. 따라서 근본주의 신학을 따르는 박형룡이나 일부 선교사들이 한국 장로교회를 통째로 미국 장로교회에서 정죄했던, 메첸파의 정통 장로교회로 끌고 갈 우려도 있었다. 해방 이후 고려신학교파(일명 고신파)에서 활동하는 메첸파 목사들과 선교사들은 이미 이러한 우려를 현실화시키고 있었다. 따라서 근본주의에 대항하는 것은 그의 소명이요 사명이었다. 그럼에도 불구하고 김재준은 자신을 이단시하는 근본주의자들의 공격에 대해 매우 괴로워했다. 이러한 시련과 아픔의 세월을 다음과 같은 글을 쓰면서 달랬다.

> "…… 지금 우리도 이 살아 계신 그리스도의 심정을 가지고 쓰여진 계시의 문자를 다시 읽고 당하는 온갖 사위(事爲)를 재(再) 비판 재(再) 인식하지 않으면 하나님의 말씀은 과거의 말씀이 되고 현재를 영도(領導)하지 못할 것이다. 이런 의미에 있어서 크리스챤은 언제나 진보주의요 자유주의다. 그러나 쓰여지기 전 그리스도의 본심정(本心情) 성령의 본의에 소급(溯及)하는 의미에서 크리스챤은 가장 철저한 보수주의자이다. …… 그리스도의 심

정! 그 무한대의 '아가페'…… 이 심정 있으면 내 마음 하늘이다. 이 사랑 없으면 낙원도 황천이다. 이 심정 잃으면 교리도 신학도 발 뿌리에 널리는 '스텀불링 불럭'이다."[49]

"그리스도는 억울하게 죽으셨다! ……
그러나 그는 결코 변호를 요구하지 않으셨다.
그 자신이 가장 웅변으로 그를 변호하는 까닭이다.
그가 만일 자신의 억울함을 변호하였더라면
그가 만일 자신을 구하려고 십자가에서 내려 오셨더라면
그가 만일 그를 죽이는 원수를 조금이라도 미워하고 원망하였더라면
그의 십자가는 그의 몸과 함께 그의 영혼까지도 상처를 내고 말았을 것이다.
그랬드라면 그에게는 부활과 승천, 영광의 재림은 제외되었을 것이다. ……
이론을 넘은 그리고 윤리적 조문까지도 넘은 무한대의 사랑만이
진정한 승리
진정한 건설
진정한 영광을 가져올 것이다.

---

[49] 김재준, 「자유와 보수」, 1947년 4월.

이것만이 나를 세우고
남을 합하여 나라를 세울 것이다.
하나님 나라!
그것은 십자가의 속량愛에서 싹튼 생명의 나무다."[50]

이 무렵 그가 쓴 글들 가운데 「편지에 대신하여」(1948)란 글은 자신의 신학적 입장과 신학교육의 이상, 그동안 경과된 상황 그리고 자신을 반대하는 근본주의 신학의 태동과 흐름 등을 소상하게 밝힌 것인데, 그는 사도바울이 고린도교회에 보낸 편지의 일부(고전 10:7-11:21)를 생각하면서 다음과 같이 마무리했다.

"저가 믿음의 증거를 가졌느냐? 나도 그러하다. 내가 유교와 한학의 열심 있는 집안에 처음 익은 열매가 되어 어버이에게서 끊어지는 쓰라림으로 오히려 그리스도의 증거를 얻었노라. 주께서 의롭다 하시나니 누가 나를 송사하랴 하는 마음의 기쁨에 몰려 손에 쥐어진 하늘의 약속만을 가지고 바다로 육지로 50평생을 표랑(漂浪)하였으되 내가 부족함이 없었노라.

그가 그리스도를 위하여 수고하였느냐? 나도 그러하다. 굶주리고 헐벗고 병들고 외로우되 주의 지팡이가 나를 안위하였도다.

---

50) 김재준, 「無怨」, 1948년 4월.

저가 신학교육에 공헌이 있느냐? 나도 그러하다. 사면으로 욱여쌈을 당하고 총회도 외면하고 지나갈 때 주의 막대기가 나를 붙드셨도다. 내 설령 마지막 숨을 내쉬는 한이 있더라도 나의 수백 명 후진을 생각하고 하늘의 별을 세일 수 있음을 자랑하리라.

저가 현대주의의 결함을 아는가? 나도 그러하다. 저는 전망대 위에서 보고 외쳤으나 나는 그들과 함께 피하는 거리를 순례한 사람이다. 나는 그 결함과 아울러 그 장점을 발견하고 있다.

저가 정통을 자랑하는가? 나도 그러하다. 그는 관념으로서의 정통을 안고 몸부림친다. 그러나 나는 그리스도 자신의 심정에 부딪혀 들어가는 전 인격적 결론을 가지고 있다.

저가 칼빈 신학을 수호하는가? 나도 그러하다. 나는 칼빈이 주창하였기 때문에 좋다는 것이 아니라, 자유로 여러 신학자의 순수한 학적 양심을 두드리다가 결국 칼빈의 문하에서 내 신앙의 지적 결론을 얻었기 때문이다.

친구님들이여, 나의 어리석음을 용납하시오. 더 쓰지 않으렵니다. 주를 사랑하고 조선 교회를 사랑하는 열심이 나를 미치게 한 것 같습니다. 나는 나를 떠나간 학생들을 원망하지 않습니다. 그 전도(前途)를 축복하고 있습니다. 나는 나의 선배 혹은 동료인 '정통 애호자'를 존경하고 아낍니다.

그러나 그들이 자기의 소신을 은혜 받은 대로 겸손히 증거하며 열심히 전도하고, 또 그리스도의 심정으로 성도의 친교를 교란하지 않기를 충고합니다.

그러나 나는 선진국인 미국의 소위 '정통 장로회'가 자기네의 분파적 투쟁심을 조선에 불붙여 불신자 획득보다도 기성교회의 교란과 쟁탈에 정력을 경주하는 것과 남북장로교 선교사들이 자기네 본국 교회에서 이미 경험한 결과를 번연히 알면서도 하등 명백한 지도성을 표시하지 않고 무위좌시(無爲坐視)하며 어떤 인사는 도리어 그런 것을 틈타 전쟁 전 선교사 집권의 회복을 꿈꾸는 것을 볼 때 의분을 금할 수 없습니다.

내가 이 편지를 쓰는 동기도 사실은 우리끼리의 변론을 뜻하는 것이 아니요 알면서 아웅하는 저들에 대한 우리 교회의 정당한 인식을 촉구하려는 데 있습니다. 듣는 바에 의하면 선교사가 방금 다수 입국중이라 합니다. 전세계 교회는 지금 그리스도의 사랑 안에서 한 연합체가 되기를 원하고 있습니다. 나도 조선 교회가 세계 장로교회 성도의 교제에서 끊어지지 않기를 빕니다."

해방 직후, 김재준은 그의 동료들과 함께 조선신학교의 재건을 통하여 세계 신학을 호흡하는 신학교육을 추진하고 있었지만, 분단의 상황으로 인하여 파생된 신학적 논쟁에 휘말렸던 것이다. 보수적인 총회, 진보적인 신학교육을 받은 자들의 성경고등비평 매도에 대한 미온적 대응, 김재준에 대한 각종 악성루머(처녀 탄생부인, 부활부인, 기적부인, 재림불신 등) 등은 그에게 불리한 상황으로 전개되어 갔다. 이런 상황에서도 김재준은 만주 용정에 있을 때 출간했던 『십자군』이라는 잡지를 1950년 1월부터 속간했다. 그는 이 잡지를 통하여 자신의 신학적 입장과 한국 교회에 대한 시각을 발표했다.

7. 전쟁의 와중에서

전쟁 속에서도 계속된 교육

6.25전쟁은 동족상잔의 비극일 뿐만 아니라, 유엔을 통하여 참전한 세계 젊은이들의 희망과 미래를 절망으로 바꾸어 놓은 것이기도 했다. 해방의 기쁨이 채 가시기도 전에, 조국의 재건이 채 자리를 잡기도 전에 한반도는 열강의 군사력과 이념, 사상 등이 뒤엉켜 인간의 말로는 표현할 수 없는 비참한 땅이 되고 만 것이다. 김재준은 이 전쟁이 시작될 무렵 동자동에서 살고 있었지만, 공산군들이 서울을 점령한 뒤, '민족 반역자'로 낙인찍히고 집과 재산을 몰수당했으며 가족과 함께 추방당했다. 그리하여 그는 이전에 살던 서울 근처 도농의 이춘우 집 문간방으로 피신하여 가족과 함께 지냈다. 이 무렵 그의 학형이자 동료 교수인 송창근은 공산군에 의해 강제 납

북되어 행방불명되고 말았다.

9.28수복이 있은 후 폐허로 변한 경동교회에서 20여 명이 주일 예배를 드렸다. 교인 중에 죽은 사람도 있었기 때문에 분위기는 더욱 침울했다. 목회기도 시간에 김재준은 설교대 위에 두 손을 모으고 기도했다. 전쟁중에 드리는 기도였다.

"아버지 하나님, 북에서 온 젊은이나 남쪽의 젊은이들이나 다 똑같이 이렇게 하는 것이 가장 나라를 사랑하는 길인 줄 알고 저들의 고귀한 피를 흘리고 목숨을 바쳤습니다. 그러니 저들을 측은히 여기시고 긍휼히 보시사 저들을 용서하시고 그 영혼을 거두어 주십소서. 그리고 저들의 나라사랑의 소원을 들어 주십소서 …… ."[51]

1.4후퇴가 되자 가족과 함께 기차를 타고 부산으로 피난을 갔다. 부산 피난살이는 어렵고 힘들었다. 전쟁이 언제 끝날지 예측할 수도 없는 상황이었다. 그러는 상황에서도 까마귀를 통해 엘리야를 먹이신 하나님의 손길을 김재준은 경험했다. 평양 숭실학교에 사표를 내고 나올 때에도 하나님의 손길을 그는 이미 경험했었다. 그는 부산 피난지에서 옛 후배이자 상당한 재력가인 김의정을 우연히 거리에서 만났다. 김재준은 서울 유학 시절 김의정의 중앙고보 편입시험을 대신 봐주어 2

---

[51] 조형균, 「큰 하늘, 큰 보자기 같은 민족의 스승」, 『장공이야기』, 167쪽.

학년으로 들어가게 해준 적이 있었다. 김의정은 근황을 물으면서 전세 집을 얻어주고 여섯 달치 집세를 선불로 치러 주었다. 벽장 다락이 딸린 방 한 칸에 부엌도 없었지만 가족들과 함께 다리 뻗고 잘 수는 있었다. 그 집에서 나오게 되었을 때에는 청산학원 후배인 권남선 목사가 목사 사택에 살게 해주었다.

조선신학교의 부산 개강도 하나님의 손길로 이루어졌다. 어느 날 선교부 회계인 킹슬러 선교사가 만나자고 했다. 그는 프린스턴신학교에 있을 때 졸업반 학생으로 한국 선교사 후보였기에 매우 가깝게 지냈지만, 전투적 근본주의 신앙(ultra-fundamentalism)을 가지고 있었다. 그는 프린스턴신학교 학생회에서 한국의 신학생들에게 보내는 구호금을 전달했는데, 이 돈이 조선신학교를 부산에서 개강하게 하는 데 밑거름이 되었던 것이다.

김재준이 전쟁중에 피난지에서 신학교의 개강을 서두른 이유는 선생이자 목사로서의 책임감 때문이었다. 목사가 되기로 결심하고 신학교에 들어 온 학생들이 전쟁의 와중에서 딴 길로 가지 않기 위해서는 신학교육을 계속해야 한다고 생각했기 때문이다.

"지금 전쟁이 소강상태이고 휴전회담이 진행되고 있다. 전쟁중에 학생들이 모두 정신 못 차리고 살기에 급급했지만 이

1951년 9월 군산 동부교회에서 신학강좌 후 교우들과 함께

제 여러 가지 죄를 범할 기회가 많아졌다. 이들이 다 목사가 될 사람인데 탈선한다면 큰일 아닌가? 이 학생들을 모두 거두어 모아 보호하고 가르쳐야 한다."52)

드디어 1951년 3월 부산 항서교회당에서 개강을 하고, 그해 4월에는 '한국신학대학'으로 학교 이름을 변경했다. 수업은 시작되었지만, 학생들이 숙식할 곳이 없었다. 마침 권남선 목사가 자신의 사택 부근에 일본인들이 떠나간 뒤 적산으로 남아있던 땅이 있다는 것을 알려주어 시청과 계약을 체결했다. 이 땅은 그동안 무허가로 동네 사람들이 인분을 붓고 채

---

52) 이춘우, 「나는 오늘도 선생님을 가까이 모시고 산다」, 『장공이야기』, 80쪽.

소를 심어 왔었다. 학생들과 교수들은 인분이 뿌려진 밭을 흙으로 덮어 땅을 고르고 미군 부대에서 얻어온 천막을 쳤다. 그 뒤 미군들의 지원으로 교사와 기숙사를 지을 수 있었다.

부산 피난 시절, 일본에 피신했다가 돌아온 캐나다 선교사 스코트와 프레이저는 피난 온 옛 친구들을 모아 놓고, 이제부터 우리에게 우선적으로 요청할 사항이 무엇인지를 말해 달라고 했다. 그들이 김재준에게 꼬집어 물었을 때, 그는 '교회와 사회의 지도자 양성'이라고 대답하면서 캐나다 유학의 길을 넓게 열어줄 것을 요청했다. 전쟁의 와중에서 제일 필요한 것이 먹을 것이나 입을 것이 아니라 미래를 이끌어 갈 인재양성이라는 것이다. 이 요청이 받아들여져 김재준은 장학회를 통해 두 명을 천거할 수 있었는데, 이우정과 강원룡이었다. 덕분에 이들은 캐나다 선교부의 장학 기금으로 캐나다에서 2년 동안 공부할 수 있었다.

장로교의 분열

신학교육의 보람이나 즐거움과는 반대로, 김재준의 신학적 입장과 한신대학에 대한 공격은 거세어졌다. 6.25전쟁으로 인하여 휴회중이던 장로교 총회는 1951년 5월 24일 부산에서 속개되었다. 1950년 4월 21일 6.25전쟁이 일어나기 두 달 전

열린 총회가 경남지방을 무대로 교회 재건을 추진하던 소위 '고려신학교파'(약칭 고신파) 문제와 서울의 조선신학교 문제로 경찰의 간섭을 받으며 난동 속에서 중단되었다가 이제 다시 속개된 것이다. 해방을 맞이하여 나라의 재건을 위해 힘을 합쳐 일해도 모자라는 총회가 폐회 선언도 제대로 못하고 산회하다가 전쟁중에 다시 모인 것이다. 이 총회에서 고려파는 정식으로 정죄당하고 쫓겨났다. 그들은 신사참배를 반대하여 감옥에 갔었던 성도들을 중심으로 '경남법통노회'를 조직하고 기성 교회를 배교자로 낙인찍었다. 이로써 일제 때 신사참배에 참여했느냐 저항했느냐를 놓고 일어난 싸움은 끝이 났다.

조선신학교 문제도 간단하지 않았다. 해방 이후 지금까지 남한 총회에서는 김재준의 신학노선을 지지했던 총대들의 숫자가 더 많았었다. 그리하여 조선신학교는 남한 총회인 남부대회의 인준도 받았다. 그러나 이번에는 그러지 못했다. 작전구역이나 여행 금지구역에 있던 총대들은 자유롭게 올 수 없었던 것이다. 이에 비해 선교사들은 미군 군목의 역할을 하면서 자기네들의 편이라고 생각되는 사람들은 차로 실어 날랐으며, 선교사들 자신도 상당수가 총회원이 되어 투표에 참여했다. 투표는 항상 다섯 표 차로 판가름 났다. 총회장, 부총회장, 서기, 부서기, 회계, 부회계, 회록서기 등등이 모두 다섯 표 차로 선출되었다. 그리고 총회 마지막에는 한국신학대학의 총회 인허 취소, 김재준 목사 파면, 한국신학대학 졸업생의 교회 위임 거부, 이미 위임된 한신 출신 목사들에 대한 노회의 재심사 등등이 제안되고, 격론이 벌어졌다. 결국 이 문제는 임원회에 맡기고 산회했다.

1952년 4월 대구 서문교회에서 모인 제37회 장로교 총회는 지난 해 부산 총회에서 임원회에 위임했던 안건을 그대로 상정하여 투표를 통해 결의했다. 그것은 김재준과 조선신학교의 문제를 극단적인 방식인 제명과 취소로 해결하는 것이었다. 김재준은 당시의 심경을 다음과 같이 토로했다.

"그러면 이제 총회로서는 할 수 있는 일을 다 한 셈이다. 한국신학대학은 죽었다. 가인에게 죽은 아벨과 같이 그는 형님에게 맞아 죽었다. 하회(下回)는 하나님이 심판해 주실 것이다. 하나님의 변호가 없었다면 승리는 영원히 가인에게 있었을 것이다. 그러나 하나님은 계시다. 한국신학대학은 다시 살 것이다. 복음의 자유, 학문과 양심의 자유를 위하여, 한국 교회의 역사를 창조하기 위하여, 허물어진 한국 산천의 재건을 위하여 그리고 전세계 크리스챤의 친교를 저버리지 않기 위하여 한국신학대학은 무덤에 머물 수 없는 것이다."

총회의 결의가 세계 교회의 시각에서 볼 때에 부당하다는 것은 금방 밝혀졌다. 미국 남·북 장로교 선교사들이 절대 다수로 구성된 한국 선교사 협의회에서는 캐나다 연합교회 선교사이자 김재준과 가깝게 지내던 스코트 박사를 성경문자 무오설을 부인한다는 이유로 징계 처분에 붙였다. 이에 대해 캐나다 연합교회 총회는 격분했다.

"스코트 박사는 캐나다 연합교회 정회원이므로 심사하든 징계하든 우리가 할 것이오. 선교사 협의회는 일종의 친선 그룹인데 어떻게 그런 행정적인 월권행위를 할 수 있소?"

결국 스코트 박사에 대한 협의회의 징계는 사과 비슷한 어색한 답변으로 넘겼다. 그리고 캐나다 연합교회는 스코트뿐만 아니라 김재준과 한국신학대학도 지지했다. 그들은 제37회 장로교 총회의 결정이 이단에 대한 정죄가 아니라 종교와 신앙의 탄압이라고 보았던 것이다.

총회의 결정으로 조선신학교 출신 목사들의 수난과 교회 분쟁이 일어났다. 각 지방 노회에서는 총회 결의대로 조선신학교 출신 목사들을 재심사하면서 위임을 취소했다. 위임이 취소된 목사를 두고 교회는 두 편으로 갈라져 예배를 방해하는 등의 난장판이 벌어졌다. 어느 노회에서는 김재준과 절교(絕交)한다는 문서를 공개적으로 밝힐 경우 목사 위임이 허락된다면서 이를 강요하기도 했다. 이를 거부할 경우 설교권이 박탈되기도 했다. 김재준은 자신과 자신의 분신과도 같은 조선신학교로 인한 교회의 분란과 제자들의 수난을 보면서 괴로워했다.

한국 장로교 총회는 김재준의 목사직 파면을 본인에게 통고할 것을 경기노회에 지시했다. 장로교회 법에 의하면 목사 안수와 파면의 권한은 노회에 있기 때문이었다. 노회장 전필순은 총회에 항의했다. "김재준은 우리 노회원인데 우리 노회에 문의도 없이 총회에서 직접 처단한 그 자체가 불법이다"고 반발했다. 그는 "우리 노회원을 총회에서 죽여 놓고 우리더러 송장 치우란 말이냐? 조사하든 처벌하든 그것은 우리 노회가 할 일이다. 총회에서는 우리가 총회에 제소하지 않는 한 재판할 권한이 없다"고 하면서 그 지시서한을 돌려보냈다. 총회의 결의가 장로교 헌법에 위배된다는 것이었다. 그 뒤 경기노회는 김재준 심사보고서를 통해 "김재준은 처벌 대상이 될 수 없다. 그의 신조는 장로교 신조에 위배되지 않는다"고 결론내렸다. 그러나 1953년 4월 대구 서문교회에서 모인 총회는 경기노회의 항의에도 불구하고, "목사 김재준은 제36회 총회 결의에 위반하였다. 즉, 성경유오설을 주장하였으므로 권징조례 제6장 42조에 의하여 예수의 이름과 그 직권으로 목사직을 파면하고 그 직분 행함을 금하노라"고 선포했다. 미국 장로교 총회에서는 근본주의자들이 제명되었지만, 한국 장로교 총회에서는 근본주의자들이 승리를 거두고 그 반대자의 제명이 확인되는 순간이었다.

기독교 장로회의 탄생

총회의 결정에 대한 반발도 거셌다. 1952년 6월 총회의 결정이 불법임을 선언하기 위하여 '호헌위원회'가 조직되고 이해 9월에는 대구에서 '호헌전국대회'가 열렸다. 그리고 1953년 6월에는 서울 동자동의 한국신학대학 강당(=성남교회당)에서 한국 장로교 법통 총회를 선언하고 제38회 총회를 속회했다. 이것은 총회의 분립과 장로교단의 분열을 의미했다. 김재준은 당시의 교단 분립을 서로 물고 먹는 싸움에서 벗어나는 불가피한 선택이었다고 회상했다. 한국 장로교회의 분열이라는 불가피하지만 엄청난 일에, 자신과 자신의 신학이 관련되었기 때문에 괴로웠던 심정을 그는 이렇게 표현했다.

"총회의 처사는 화해의 여백을 침략으로 메웠다. 우리가 '진실' 대신에 '굴종'을 택한다면 몰라도 그러지 않는 한, 각지 교회는 싸움판이 될 것이고 싸우노라면 싸움이 싸움을 일으켜 '싸움을 위한 싸움'으로 변할 것이다. 그때에는 진리고 뭐고 없다. 옳고 그른 것도 없다. 그저 치고 패고 하는 싸움만 남는다. '서로 물고 먹으면 피차 멸망한다.'(갈 5:15) 그럴 바에는 차라리 우리의 신앙과 양심의 자유와 정직한 행위를 보존하기 위하여 우리 자신의 본영(本營)을 설치해야 한다."

"그래서 실질상 '기장'(기독교 장로회)과 '예장'(예수교 장

기장출범직후. 보수와 진보의 갈등은 장로교회의 분열로 이어져 1953년 기장 총회를 탄생시켰다.

로회)은 분립된 셈이다. 나는 그것을 '분열'이 아니라, '분지(分枝)'라고 설명했다. 나무가 자라려면 줄기에서 가지가 새로 뻗어 나가야 하는 것과 같다는 것이다. 기장은 '분지' 중에서도 '결과지(結果枝)'다. 밋밋하게 자라는 가지는 열매를 맺지 못한다. 그것이 열매를 맺게 하기 위해서 과수원 농부는 끝을 베어 내고 못 견디게 가위질한다. 고난을 겪게 한다. 그래야 열매가 맺기 때문이다. '기장'은 '결과지'다. 소망 없는 '수난'이 아니다. 예수를 따르는 '십자가'다. 십자가는 부활의 서곡이다. 부활한 생명에는 숱한 열매가 맺혀질 것이다."

1952년 총회의 결정 이후에 벌어지는 조선신학교 출신 목사들의 위임 취소와 그들이 목회하던 교회 안에서의 분쟁을 보면서 굴종을 하지 않을 바에야 차라리 갈라서는 것이 더 낫다고 판단한 것이었다. 그는 이 총회에서 낭독된 성명서 초안을 작성했는데, 여기에는 그의 교회와 신학에 대한 사고가 담겨있다.

> ① 우리는 온갖 형태의 바리새주의를 배격하고 오직 살아 계신 그리스도를 믿음으로 구원 얻는 복음의 자유를 확보한다.
> ② 우리는 전세계 장로교회의 테두리 안에서, 건전한 교리를 수립함과 동시에 신앙 양심의 자유를 확보한다.
> ③ 우리는 노예적인 의존사상을 배격하고 자립 자조의 정신을 함양한다.
> ④ 그러나 우리는 편협한 고립주의를 경계하고, 전세계 성도들과 협력·병진하려는 세계 교회 정신에 철저하려 한다.

법통 총회는 1954년부터 '한국 기독교 장로회'로 명칭을 변경하였다. '예수교 장로회' 대신에 '기독교 장로회'라고 명칭을 선택한 배경에도 김재준의 신학이 반영되어 있었다. "'예수'라는 자연인을 '하나님의 아들, 그리스도'라고 믿는 때부터 교회가 서고 크리스챤이 생기는 것이니 '기독교 장로회'라고 이름 하자."

고려파의 분립에 이은, 기독교 장로회의 분립은 한국 장로교단의 분열이라는 불행한 일이었다. 유동식이 지적하는 대로 이러한 분열은 "훈련 없이 시대적 사명감에 눈뜨지 못한 한국 교회"의 문제였고, 기독교가 해방과 6.25전쟁이라는 "연속되는 사회 불안과 아노미 현상을 극복하는 종교의 구실을 못하였다"는 것을 반증하는 것이었다. 그러나 김재준을 중심으로 한 '기장'의 탄생은 "사상적인 측면에서 본다면 하나의 발전이라 할 수도 있는 현상이었다."[53] 이는 근본주의 신학을 자유롭게 비판하면서 세계 신학의 흐름을 호흡할 수 있는 신학교육과 기독교의 사회참여의 틀이 마련되었다는 것을 의미했다.

---

53) 유동식, 『한국신학의 광맥』, 146쪽.

8. 신학교육의 마지막에

6.25전쟁이 끝난 후 한국신학대학이 피난지 부산에서 서울 동자동 캠퍼스로 복귀하자, 김재준도 상경했다. 동자동 교정과 살던 집은 난리를 겪은 것치고는 그래도 괜찮은 편이었다. 교실은 붕괴 직전이어서 통나무를 지주로 세워 받쳤다. 쓰레기통이 되었던 우물도 청소를 해서 맑고 시원한 물이 고였다. 그가 살던 사택도 다 없어지지는 않았다. 창문은 부서지고 책과 가구도 다 없어졌지만 그런대로 수리하여 쓸 수 있었다.

담임목사로 있는 경동교회도 재건해야 했다. 부서진 예배실을 수리하고 필요한 비품을 마련하는 데 교인들은 자발적으로 참여했다. 그는 학교일에 전념하고 교회는 강단을 맡는 정도였기 때문에 심방이나 모든 교회일은 교인들이 맡아 했다. 교인들이 늘어남에 따라서 예배실로 쓰던 기숙사 2층을 넓혔고, 그래도 감당할 수 없어 예배당을 새로 지었다. 이때

설계도를 공짜로 그려주는 건축사가 있어 도움을 얻었다. 건축헌금이 모자랐지만 마포교회 장로이자 실업가인 김병문 씨가 경동교회로 옮기면서 이를 메워 주었다.

학교, 교회, 집 등을 재건하는 와중에도 김재준에 대한 근본주의자들의 비난과 비방은 거세어졌다. 갖가지 악성루머도 있었다. 김재준은 성경에 하나님의 특별계시가 씌어지지 않았다고 주장한다, 예수의 탄생설화를 후세의 조작이라고 주장한다, 예수의 기적이나 부활과 승천 등을 믿지 않는다, 성경무오설을 부인한다, 선교사를 배척한다 등등의 소문이 나돌았다. 김재준은 성경파괴자이고 교회를 문란케 하는 자라며 선동하기도 했다. 이러한 소문을 들은 몇몇 순진한 교인들은 김재준을 '마귀'라고 생각하여 무서워한다는 소문도 들렸다. 전쟁 때에도 김재준이 공산당 선전원 노릇을 한다, 이북을 다녀왔다, 적기를 들고 가두행진을 하는 것을 보았다는 등의 유언비어도 있었다. 하루는 부산에 사는 어떤 교인에게서 편지가 왔다. 전혀 모르는 사람이었다.

"저는 하나님께 밤낮 없이 간구해 왔습니다. '하나님께서 교회를 사랑하신다면 김재준을 하루속히 불러가 주십시오' 하는 것이 기도의 제목이었습니다. 그러다가 6.25가 터져서 목사님들이 모두 부산 지방에 피해서 생명을 보전했습니다. 그러나 김재준은 서울에 남았습니다. '이제야 하나님이 내 기도를 들어주시나 보다'하고 흐뭇해 했습니다. 그런데 또 살아 있다니, 이제는 하나님을 의심하게 됐습니다."

하나님께 목사를 죽여 달라고 기도했다는 평신도의 편지내용은 참으로 한심한 것이었다. 그러나 이것은 김재준에 대한 유언비어가 일선 목사들을 통해 강단에서 얼마나 심각하게 유포되고 있었는가를 보여주는 것이었다. 또한 당시 목사들 중 세계 신학의 조류에 무지한 자들이 근본주의 신학을 얼마나 맹종했었는가를 반증하는 것이었다. 그리하여 김재준은 전국을 돌며 진실을 알리는 순회강연을 하기도 했다.

1954년 캐나다 연합교회 외지 선교부 총무인 갈리하가 한국에 왔다. 그는 한신대학의 교사 신축비로 1만 달러를 지원받을 수 있게 해주었다. 김재준은 부통령이자 한신대 학장이던 함태영, 이사장 김종대, 캐나다 선교사이자 한신대 교수인 스코트 등과 함께 학교 이전 부지를 열심히 찾아 다녔다. 그러다 수유리 화계사 부근에 일본인들이 고급 주택 후보지로 확보했다가 버리고 간 귀속 재산이 있음을 알고 이를 불하받았다. 설계비도 받지 않은 강윤 건축사, 인천 판유리공장 최태섭 장로 등 많은 사람들의 도움으로 3년여의 공사 끝에 수유리 캠퍼스를 마련했다. 그러나 교직원 사택과 기숙사는 아직 없었다.

1957년 수유리 캠퍼스를 마련하고 동자동 캠퍼스를 매각하자, 학교 사택에 살던 그는 갈 곳이 없었다. 1954년 5월부터 부학장으로 재직하고 있던 그는 누군가는 캠퍼스를 지켜야 한다는 생각으로 자신이 먼저 학교 근처로 이사했다. 마침 학교 대문 안 개천가에 옛날 빈농이 살던 오막살이 초가집 한 채가 있었다. 단칸방에 장판은 있었지만 불은 안 들었다. 천장에는 쥐들이 밤새 소란을 피웠다. 화장실도 거적때기를 반쯤 두른 것으로 참으로 열악한 환경이었다. 이곳에 살면서 김재준은 대장염, 이질에 걸려 병원에 입원하기도 했다. 엑스레이 촬영을 한 의사들이 위암을 의심하면서 수술하려 했던 때도 있었다. 그러다 두 달 만에 몸을 회복하고 퇴원했다. 과로와 불결한 환경 때문에 지치고 아픈 몸을 쉴 수 있는 기간이었다. 휘청거리는 몸을 가누며 집에 돌아 온 그는 쥐들을 쫓아내기 위하여 고양이 한 마리를 키웠으며, 이후로 쥐들은 사라졌다.

퇴원하기 직전, 캐나다 연합교회 갈리하 총무가 다시 방한했다. 그는 방한중 김재준을 문병하면서 건강을 위하여 캐나다에서 1년간 요양할 것을 권했다. 왕복여비, 1년간의 유숙비와 잡비는 캐나다 측에서 부담한다는 조건이었다. 갈리하는 총회와 학교 이사회에도 말하여 허락을 받아 주었다. 그리하여 김재준은 1958년 여름 캐나다로 갈 수 있었다.

캐나다 연합교회는 캐나다의 각 교파가 에큐메니칼 정신에 의하여 통합된 하나의 교단이다. 이 교단에서 한국에 파송된 선교사들은 19세기 말 각국의 선교사들이 선교지역을 분할하는 협정을 맺을 때 함경도와 간도 지역에서 활동하기로 하여 해방 전까지 그 임무를 수행했었다. 그들은 미국의 북장로교나 남장로교의 선교사들보다 신학적으로 훨씬 개방적이고 진보적인 입장에 있었다. 그리하여 김재준이 장로교 총회에서 목사직을 제명당할 때에 이를 부당하게 여겼고, 김재준과 한신대, 그리고 기장 측에 선교 협력을 아끼지 않고 지지와 지원을 보냈으며, 1955년에는 기장총회와 동등한 조건으로 선교협약을 맺었다. 여기에 신학적으로나 교회정치에 있어 선교사들로부터 자유롭고 자립적이어야 한다는 김재준의 사고가 반영되었음은 물론이었다. 또한 김재준과 오랜 친분관계에 있으면서 그를 믿고 지지해 준 스코트 선교사의 역할이 크게 작용한 것도 사실이었다.

캐나다로 가기 전 김재준은 막내딸을 결혼시켰다. 또한 그가 세운 경동교회의 담임목사직도 제자인 강원룡 목사에게 넘겨주었다. 그리고 그는 홀로 캐나다로 향했다. 캐나다에 1년간 머물면서 그는 주로 토론토의 YMCA 본부 숙소에서 지냈다. 그러면서 캐나다 연합 총회, 중서부 지역의 대회(conference), 해외 선교부 연차 대회 등에 참석했다. 총회에 참석할 때에는 폐회 직전에 연설할 기회도 얻었다. 여기에서 그는 한국의 선교에 관해 짧게 언급했다.

"교회는 선교하는 기관이기 때문에 선교의 시대가 지났다는 것은 생각할 수 없다. 다만 선교의 개념과 방법에 창의적인 재정리와 재고가 요청되는 것뿐이다. 한국 교회 자체도 선교해야 한다. 한국 교회가 선교할 고장이 반드시 외국이어야 할 필요는 없겠다. 그 비용과 부담이 너무 벅차기 때문이다.

한국 안에도 복음이 증거되지 않은 고장이 많다. 전라도, 경상도 해안에 흩어진 크고 작은 섬들, 강원도 산골 — 거기에 버림받은 못 사는 백성, 도시 변두리의 빈민촌 — 우리 바로 이웃에도 우리의 선교 지구는 수두룩하다. …… 그리고 38선은 미래 역사의 주역으로 등장할 적격자를 뽑는 '시험장'이라고 나는 생각한다. 한마디로 말한다면 기독교와 공산주의와의 대결이다. 그러므로 세계적 공동체로서의 기독교회는 총 연합하여 책임적인 관심을 거기에 집중시켜야 한다. 38도선은 한국만의 문제가 아니다. 세계 — 특히 미래 세계의 문제이다 …… ."

그는 총회와 남선교회, 여선교회 등으로부터 청주 세광고등학교 교사 건축비 6만 불, 한신대학 교사 신축비 3만 불, 총회 선교비 3만 불 등을 모금하기도 했다. 캐나다 연합교회 총회와 선교부는 기금을 지원하면서 다음과 같이 부탁했다.

"① 우리 선교부로서는 최선의 성의를 보인 것이며 어려운 용단을 내린 것이다. 그런데 이런 결정이 내려질 수 있었다고 해서 한국 교회에서 마치 캐나다 연합교회에는 일 년 열두 달, 돈이 주렁주렁 열리는 '돈 나무'라도 있는 것같이 생각하면 큰일이다. 그런 착각이 없기를 바란다.

② 총회에 나가는 돈은 어떤 특정 사업에 집중적으로 써주기를 바란다. 각 지 교회가 골고루 나누어 가진다면 한 교회에 몇 십 불, 몇 백 불밖에 배당되지 않을 것이니 흐지부지 자취 없이 사라지고 말 것이다. 그러나 어떤 교회나 단체에 집중적으로 투입한다면 그 교회나 기관은 그 돈을 밑천으로 자립·자활하게 될 것이다. 그리하면 후일에 우리가 가서 보더라도 한 놀라운 기념탑이 될 것이고 우리도 자랑스러울 것이다."

김재준은 캐나다 연합교회 외지 선교부 총무인 갈리하 박사의 주선으로 벤쿠버에 있는 브리티쉬 콜럼비아 주립대학교 유니온 칼리지에서 명예신학박사학위를 받았다. 이때까지 김재준은 박사학위가 없었다. 웨스턴신학교에서 받은 석사학위가 전부였다. 그래서 외국에 유학하여 박사학위를 받고 돌아온 젊은 교수들이 위세를 떨치던 1950년대 중반, 박사학위가 없다고 무시를 당하기도 했다. 이런 일도 있었다. 외국 박사학위를 가지고 모 일류대학에서 봉직하던 젊은 교수는 공개강의 석상에서 "김재준 목사님은 교육자인지는 몰라도 학자는 못 된다. 그는 독일어 원서도 못 읽는다!"는 유치한 말을 내뱉기도 했다. 그것을 들은 그의 제자들은 화가 나서 찾아와 성토했지만, 김재준은 담담하게 "그 교수 말이 맞다. 나는 학자는 못 돼! 독일어 공부를 한다, 한다 하면서 차일피일 게으름만 피우고 여태껏 독일어 원서를 자유롭게 읽지 못하거든!" 하고 대수롭지 않게 넘겼었다.54)

1959년 9월 귀국한 그는 그 달 22일에 학장으로 취임했다. 그의 학장 취임 소식을 들은 사람들은 의아해 했다. 왜 새삼스럽게 학장 취임식을 이제 하느냐고. 사실 그는 그동안 학장직을 맡지 않았다. 조선신학원을 세우는 데 기여했고 그동안 학교의 정신적 지주이자 기장 교단의 지도 세력이었는데도 그는 전면에 나서지 않았다. 송창근이 납북된 뒤 학장직을 계승한 함태영 목사는 부통령직에 있는 동안에도 학장직을 계속 맡았었다. 그리고 김재준은 1954년부터 지금까지 부학장직에 머물러 있었던 것이다.

김재준의 학장 취임과 더불어 학교는 새로운 전기를 맞았다. 그러나 그것은 지금까지 곪아온 비리가 터지는 것부터 시작했다. 그동안 학교는 대한민국 부통령 함태영이라는 "이름만의 거물 학장 밑에서 학교의 재정과 운영이 말로는 이사회

---

54) 이우정,「날마다 죽음을 사는 심정으로 사신 분」,『장공이야기』, 67-68쪽.

한신대 졸업식장에서 학생들이 붙여준 김재준의 별명은 '천지(天地)'였다. 천장과 강의 노트만 번갈아 보면서 강의했기 때문이다.

의 책임 아래에 있다고 하나 처리되기는 서무과장(조선출 목사)의 손으로 되고 있었다." 그러다 결국 "학교장, 이사장의 인장을 자유로 사용하던 사람들의 대담하고 불성실한 행위가 점점 노출되어 학교는 큰 소용돌이 가운데 빠져 들어갔다." 그 중에서도 경리 비리는 가장 심각한 문제였다. 김재준은 경리책임자를 두둔하려다 학장으로서의 책임을 추궁당해 세 번이나 사표를 제출하기까지 했다.[55]

김재준은 학장직을 수행하면서, 자신이 1년 동안 캐나다에 머물 때 모금한 돈으로 인하여 학교와 총회가 시끄러워졌다는 것을 알고 매우 실망스러워했다. 신학교육의 자유와 교회의 개혁을 외치고 새로 태어난 기장 총회와 한신대였건만, 캐

---

55) 전경연, 「신앙과 신학의 자유를 실천하고 확보하신 분」, 『장공이야기』, 368쪽.

나다 교회가 보낸 헌금을 통해 이익을 챙겨보려고 했기 때문이다. 한신대학에 보낸 3만 불은 조선출 목사가 부산 수입 창고에 있다고 하는 '애자'(전신주에 쓰는 물건)를 싼값에 사서 비싼 값에 팔면 된다는 거간꾼의 말을 믿고 줬다가 사기를 당하고 말았다. 이 일에 대한 책임을 물어야 될지 말아야 될지에 대해 총회와 학교 이사회, 설립자, 교수 등은 제대로 정리하지 못한 채 갈등을 일으켰다. 여기에 교회정치가 개입되고 지방색이 나타나 지저분한 싸움으로 번졌다.

총회에 보낸 보조금 2만 불을 놓고도 분쟁이 일어났다. 집중적으로 사용되어야 한다고 했던 돈은 여기저기 나뉘어졌고, 못 받는 교회에서는 왜 안 주냐고 따졌다. 한신대에 보내 온 또 다른 3만 불을 놓고도 총회에 먼저 넣으라는 둥, 김재준이 맘대로 한다는 둥 여러 가지 말이 많았다. 돈을 놓고 싸우는 이러한 현실을 보면서 그는 개탄했다.

"나는 기장 교회들의 조속한 건설과 발전과 자립을 위해 밤낮 염원을 올렸다. 돈만 있으면 문제 없이 여름 초목처럼 무럭무럭 자라리라 믿었다. 그래서 큰돈은 아니지만 그런대로 얻어왔다. 돈과 함께 탐욕이 따라왔다. 전에는 가난해도 긍지를 갖고 의좋게 돕고 같이 걱정하고 격려하던 동지 목사들이 이제는 아옹다옹 싸운다. 교권 욕이 풍선같이 부푼다. 신학교도 총회도 마찬가지다. 돈을 얻고 친교를 잃었다. 욕심이 사랑을 먹었다.

나는 다시 생각했다. 교회는 역시 은혜와 진리 위에 서야 한다. 은혜와 진리가 교회의 양식이요 그 터전이다. 교회는 '맘몬'의 사동(使童)일 수가 없다. 돈이 필요하지만 그것은 돈을 쓸 줄 아는 능숙한 청지기에게만 적용된다."

그는 너무 괴롭고 좌절감에 휩싸여 학교를 떠나 은거했다. 전남 광주 백운산 계곡에 있는 평심원이라는 요양원에서 얼마 동안 지냈다. 그는 거기에서 한신 학생을 만났다. 그는 신학교에 입학했지만 소명감이 없어 고민하고 있었다. 소명감을 얻으려고 혼자 산에 들어가 철야기도도 해보고 난신고행도 해보았지만 아무런 응답도 얻지 못했다. 김재준은 이 학생에게 다음과 같이 조언했다.

"네가 네 본위로 하나님을 불러 내리려는 것은 오만하다. 그건 너 자신을 위한 '영적 탐욕'이다. 믿음이란 '내 뜻대로 마옵시고 아버지 뜻대로 하옵소서'라고 한 예수의 겟세마네 기도에서 찾아야 한다. 그리고 신앙생활이란 풀 자라듯 안에서부터 자연스럽게 전개되고 성장하고 열매 맺는 장기 공작이다. 지금은 초조하고 불만스럽고 의혹에 차 있다 해도 그것 때문에 믿음 자체를 포기하거나 단념해서는 안 된다. 그런대로 꾸역꾸역 계속 하노라면 긴 세월 안에서 몰래 몰래 자라는 것이다. 신학교에 돌아가 공부를 계속해라."

그 뒤 그 학생은 신학교에 돌아가 졸업하고 좋은 목회자가 되었다고 한다.[56]

학교로 돌아가야 한다는 강권(强勸)이 커져갔다. 하는 수없이 서울로 오기는 했지만 한신 캠퍼스에 들어가는 것은 싫었다. 그리하여 경동교회 창립 교인이자 실업가인 신당동의 박억섭의 저택에서 지냈다. 피곤할 때면 언제든지 와서 쉬라고 했는데 이제야 편하게 정양을 하는 것이다. 그러나 세상에 비밀은 없었다. 신학생들이 들이닥쳐 납치하다시피 택시에 태워져 학교로 돌아갔다.

학교에 복귀한 지 얼마 후 그는 맹장염 치료를 위해 병원에 입원했다. 그리고 그곳에서 김정준, 조선출을 불러 애자사건에 대해서 도의적인 책임을 느낀다고 말했다.

"그때 내가 너무 소심하고 옹졸해서 도의적인 책임을 지고 나서지 못해서 더 큰 고통을 겪게 한 것을 많이 후회했소. 도리어 자기변명의 해명서 내기에 급급했으니 부끄럽기 한이 없소. 마음에 두지 말고 용서해 주기를 바라오."[57]

---

56) 신종선, 「지금도 마음 속에 깊이 살아 계시는 분」, 『장공이야기』, 136쪽. 김재준은 『범용기』에서 이 학생이 신종선이라고 적고 있으며, 그와 소명감에 대한 상담은 한 적은 있지만 평심원에 간 적은 없다고 하면서 기억의 착오라고 추정한다.
57) 강신정, 「그리스도의 발자국만을 따라 사신 분」, 『장공이야기』, 18쪽.

자신은 이 사건에 대해서 아무런 잘못이 없지만, 학교 행정의 책임을 맡은 자로서 도의적인 책임을 진다고 말하지 못했던 것을 부끄럽게 여긴 것이다. 이것은 애자사건 때문에 그가 얼마나 괴로워하고 번민했던가를 나타내는 것이었다.

애자사건으로 학교가 시끄럽던 때 4.19학생의거가 일어났다. 그러나 그는 적극적으로 참여하지 못했다. 연락이 제대로 안 되어 4월 25일 대학 교수단 데모 날에야 시내에 들어가 행진대열에 참여했을 뿐이었다. 그는 시청 앞 광장 연좌데모 학생들이 "민주국가 건설하라", "매판자본 물러가라" 등의 플래카드를 들고 있는 것을 보면서, 학생들이 시민들에 비하여 얼마나 선각자인가를 마음속 깊이 느꼈다. 이때만 해도 그는 훗날 박정희 정권 등에 항거했던 '정치의식'은 없었다.[58]

4.19의거가 지나고 학교가 정상수업을 하던 날 오랜만에 전교생이 모여 예배를 드렸다. 이날 김재준은 설교를 하면서 흐르는 눈물을 억제할 수 없었다. 평소 목소리도 크지 않고 발음도 분명하지 않았는데 이제 울면서 설교를 하니 제대로 알아들을 수 없었다. 그러나 그러한 그의 설교가 학생들에게 전달하는 메시지는 분명했다.

"우리 기성인들을 용서해 달라. 너희들 젊은이들이 나라를

---

58) 안병무, 「현대를 그대로 호흡하는 사상가」, 『장공이야기』, 345쪽.

위하여 피를 흘리는 동안 우리는 아무것도 하지 않았다. 우리를 용서해라. 앞으로 너희가 길거리에 나서지 않게 하마. 너희가 나서기 전에 우리가 나서겠다. 너희는 이제 공부해 달라."[59]

이승만 정권이 물러나고 민주당 정권이 들어서면서 윤보선이 대통령이 되었다. 그의 부인 공덕귀 여사와는 오랫동안 아는 사이였다. 공 여사는 송창근 목사가 김천의 황금정교회에서 시무할 때 전도사로 동역했고 한신대 여자부 사감 겸 강사로 일하기도 했으며 미국 유학을 주선하기도 했었으니 오랫동안 맺어 온 인연이었다. 윤보선 대통령 또한 피난 시절 한신대를 도와준 것을 생각하면 즉석에서 달려가 축하를 해야 마땅했다. 그러나 경무대를 찾아간다는 것은 그의 성미와 잘 맞지 않았다. 차일피일 미루다가 용기를 내어 드디어 경무대를 방문했다. 윤 대통령은 반갑게 맞아 주었다. 그러나 한 시간 동안 단 둘이 대좌하는 내내 장면 국무총리가 국사를 자신과 의논하지 않는다는 불평만 듣고 돌아왔다.

장면 정권은 1961년 5월 16일 박정희, 장도영, 김종필 등이 주도하여 일으킨 군사 쿠데타로 막을 내렸다. 김재준은 장면이 군인들에게 정권을 이양하는 것을 보고 한심하다고 느

---

59) 김상근, 「인격으로 인격을 배웠다」, 『장공이야기』, 260-261쪽.

겼다.

"8.15해방과 대한민국 정부수립 이래 진짜 공정 선거를 거쳐 민의를 대표한 정부는 장면 정권이 처음이 아니었던가! 그 정권은 장면 개인의 것이 아니요 국민의 정부가 아닌가? 그러므로 반란 군인들이 아무리 협박한다 하더라도 자기 마음대로 그 정권을 반란자들에게 송두리째 내줄 권한이 그에게 과연 있는 것인가! '역적 반도야 물러가라! 나는 삼천만 국민으로부터 위임 맡은 나라의 주권을 역적에게 내어 줄 수 없다!'고 호통 한 번 하고 죽었어야 할 것이 아니었는가! 인간으로서는 기대하기 어려운 숭고한 절개적 행동이지만, 고려 말 사육신들을 따라 행동할 수는 없던 것인가!"

5.16군사 쿠데타의 주역들은 김재준의 삶에도 영향을 주었다. 그들은 이해 9월 전국 대학의 총·학장 중 만 60세 이상 된 사람은 모두 사퇴하라는 지시를 내렸다. 한국의 대학을 장악하려는 군인들이 교육법이나 학교의 정관 등을 무시한 채 일방적으로 강요했던 것이다. 그는 이해 9월 26일에 만 60세가 되니 강제 퇴직할 수밖에 없었다. 설립 때부터 지금까지 20년을 지켜온 한신대학, 이제 학장으로서 학교를 위해 열심히 일해 보려던 때에 타의에 의해서 학교로부터 추방당한 것이다. 그는 실업자로 전락했다. 그 당시 딸 셋은 이미 출가했었지만, 아들 셋은 아직 학교에 다니고 있었다. 집도 없이 학

교 사택에 살고 있었지만 이제 학교 밖으로 나와야 했다. 다행히 수유리 하천 부지에 새로 지은 간이 주택이 있어 그리로 이사를 했다. 82평의 집터에 건평이 14평이니 정말 작은 집이었다. 건넌방 서재는 작아서 많은 책들을 제대로 놓을 수도 없었고 앉을 자리도 마땅치 않았다. 돈이 없어 입주금 얼마를 우선 내고 매달 그 나머지를 나누어 갚아 나갔다.

김재준은 집 한 채 없이 가난하게 교수생활을 마무리했다. 그가 가난했던 이유는 젊어서 성 프랜시스를 동경하여 청빈의 삶을 살고자 했기 때문이기도 했지만, 또 다른 이유도 있었다. 그는 서울 유학 시절부터 미국의 웨스턴신학교에서 그의 신학수업을 마칠 때까지 고학으로 공부했다. 고학은 곧 고생의 연속이었다. 지독한 경제적 어려움 중에 공부한 김재준은 어렵게 공부하는 학생들을 보면 그냥 있지 못했다. 돈이 없어 등록을 못하는 학생들의 등록금을 대신 내어주거나 밥을 굶는 학생들의 식비를 보태주었다. 그것도 드러나지 않게 돕곤 했다. 그래서 그의 가난은 청빈(淸貧)이었다. 그가 학생들을 경제적으로 도와 준 숱한 일화들 가운데 하나만 들어보자.

한 학생이 등록금이 없어 학교를 그만두면서 하직 인사를 하러 김재준을 찾았다. 그러나 그는 캐나다에 1년간 요양하러 가 있었다. 이 학생은 작별의 편지를 써서 캐나다로 보냈다.

"캐나다에 계시는 김재준 목사님께 …… 더 이상 공부할 형편이 못 되어 고향에 내려가려 하는데 언제 다시 뵙게 될지 모르겠습니다 …… ."

얼마 후 기숙사에 있던 그를 서무과장이 찾았다. 서무과장은 항공우편 하나를 보여주면서 말했다.

"이거 큰일났다. 학장님이 캐나다에서 조원길 학생에게 이달분 월급을 등록금으로 내주라 하시면서 도장까지 찍어 이렇게 보냈으니 학장님의 가족들은 이 월급을 기다리고 있는데 큰일났다."

김재준은 학장 월급으로 이 학생의 등록금을 대납하라고 인감도장을 찍어 위임장을 보낸 것이다. 그 학생은 그 돈으로 등록하여 공부를 계속 할 수 있었다.[60]

김재준의 돈에 관한 이러한 태도 때문에 가족들은 무던히도 고생했다. 경제적인 면에서 보면 그는 가족들에게 무능한 가장이었다. 이런 상황에서 장분여 사모의 고생은 누구보다도 컸다. 이런 일화가 있다.

김재준의 얼굴을 모르는 타교 학생이 특강 강사 교섭을 위하여 수유리 한신대 사택인 그의 집을 찾아갔다. 전화가 없던 시절이라 약속도 없이 찾아갔다. 허술한 집 주변의 텃밭에는 허름한 옷을 입고 채소를 가꾸고 있는 식모 할머니 같은 분이

---

[60] 조원길, 「장공 목사님의 퍼주기식 제자 사랑」, 『장공이야기』, 226-227쪽.

있었다.

"김재준 목사님 계십니까?"

"지금 안 계십니다."

"그럼 사모님을 뵙게 해주십시오."

그 할머니는 머리에 쓴 수건을 벗고 옷을 여미며 말했다.

"내가 목사님 부인이오."

가난하여 경제적으로 어려운 상황에서도 장분여 사모에게 김재준은 하늘이요, 천사였다. 그리하여 한국의 목사 중에서 부인으로부터 가장 큰 존경을 받는 분은 아마 김재준 목사 일 거라는 말이 나올 정도였다.[61]

---

61) 김호식, 「너희들에게 득이 된다면 나를 이용해도 좋다」, 『장공이야기』, 318쪽.

9. 독재정권에 항거하며

의를 위한 투쟁

한신대학에서 퇴임한 뒤 김재준은 수유리 집에서 지냈다. 갑자기 실직자가 된 그의 생활을 염려하여 그를 존경하는 제자나 지인들이 거의 매 주일 설교를 부탁했다. 교회 창립기념 예배나 목사 위임식 등 교회 행사에도 초청했다. 약혼식, 결혼식 주례도 자주 부탁받았다. 신문사나 잡지사 등에서 원고를 부탁해 오기도 했다. 가까운 사람들과 가끔 여행도 다녔다. 그리하여 퇴직을 했지만, 한가롭지 않게 지냈다.

퇴직한 다음 해인 1962년 어느 날 「대한일보」 김연준 사장이 집으로 찾아왔다. 논설위원직을 맡아 달라는 것이었다. 김연준은 신문 사설이 시사의 뒤꽁무니나 따라다니면서 구차한 코멘트나 하는 것이 아니라 사회 각 분야에서 빛과 소금의 역할을 해야 한다고 말하면서 논설위원직 수락을 간곡히 부탁했다. 그리하여 김재준은 날마다 신문사에 나가 논설위원 회의에 꾸준하게 참여하면서 사설이나 기행문 등을 써서 실었다. 그는 신문이 단순한 보도만이 아니라 자유와 정의를 위한 횃불이나 '경세의 목탁'이 되어야 우리 민족에게 희망이 있다고 믿었다. 그런 의미에서 신문 기자는 사회의 부정과 불의를 고발하는 예언자적 역할을 해야 한다고 생각했다. 그는 「대한일보」가 정부에 의해 폐간될 때까지 10여 년 동안 그 일을 계속 했다. 또한 그는 종교계를 대표해서 '한국신문윤리위원회' 위원을 맡아 활동하기도 했다.

당시는 정부의 언론 탄압이 심하여 단순한 보도만 하도록 강요되던 시대였다. 기자들은 걸핏하면 끌려가 두들겨 맞기도 하고 신문사로 넣은 압력 때문에 축출당하기도 했으며 깡패들에게 무차별 폭력을 당하기도 했다. 신문사가 말을 듣지 않으면 광고주들을 협박하여 광고를 싣지 못하게 했다. 광고는 신문 경영의 생명줄이기 때문에 광고를 막는 것은 곧 신문의 폐간을 의미했다. 힘들여 쓴 기사는 편집국장이나 중앙정보부 검열관에 의해 삭제되었다. 5.16군사 쿠데타로 정권을 잡았고, 정치 안정을 시킨 뒤 곧바로 민정 이양을 하겠다는 약속도 지키지 않았으며, 1963년 대통령 선거에서 온갖 부정선거를 저지르고도 겨우 15만 표 차이로 당선된 박정희는 그런 방식으로 정권을 연장할 수밖에 없었던 것이다.

박정희가 최고회의 의장으로 있던 시절 김재준은 주변의 강요로 마지못해 '국민재건운동'의 부의장직을 맡기도 했다. 일방적으로 추대하는 자리에서 퇴장하지도 못하고 취임의 변을 몇 마디 했다.

"지금 '정부로부터 국민에게'라는 '상의하달(上意下達)'은 거의 기계적으로 되지만, '국민으로부터 정부에'의 하의상달은 거의 단절됐다. '일방통행'은 민주적일 수가 없다. 이런 마당에서 이 국민운동이 국민의 의사와 소원을 정부에 전달시키는 '하의상달(下意上達)'의 구실을 할 수 있다면 그런 조건에서 취임을 승낙한다. 그것이 안 되면 언제든지 물러난다."

그는 박정희에게 직접 전달한 민의에 대해 아무런 반응이 없자 실망했다. 그러던 중에 현역 장교가 사무국장이 되면서 군대식으로 이 모임을 운영하자 그만두었다.

이 무렵 김재준은 지문각 출판사를 통해 『성서해설』이란 책을 출판했다(1963년). 이 책은 일반 대중을 위한 성경해설을 써달라는 출판사의 의뢰를 받아 이루어졌다. 한 달 안에 탈고해 주어야 한다고 다그치는 바람에 급하게 원고를 썼다. 이 책은 창작이라기보다는 일종의 번역물이었다. 구약 부분은 미국 프린스턴신학교 구약학 교수인 앤더슨(B. W. Anderson)의 책을, 그리고 신약 부분은 독일의 신약학자 불트만(R. Bultmann)의 책을 주로 참고했다. 이 책들은 일반적인 성경 개론서들처럼 성경본문이 어떤 역사적 배경에서 씌어졌는가에 초점을 맞추고 있었으며, 김재준도 그런 관점을 따랐다. 이 책은 몇 달 안에 다 팔렸지만, 지문각의 도산으로 인하여 재판을 발행하지 못했다. 그러다 오랜 시간이 흐른 뒤 다른 출판사에서 다시 간행되었다.

1963년에는 스위스 제네바에서 열린 세계교회협의회(WCC)의 '교회와 사회' 세계대회에 백낙준 박사와 함께 한국 대표로 참석했다. 세계교회협의회에는 경동교회 강원룡 목사가 열심히 활동하고 있었다. 당시 세계교회협의회는 인도 측 인사들의 입김이 세어서 인도항공(Air India)을 이용해야 한다는 조건이 붙어 있었는데, 비행기가 자주 없었기 때문에 동경을 거쳐 인도 봄베이에서 열흘쯤 머물렀다. 그리고 거기에서 제네바로 가서 회의에 참석했다. 당시는 미국이 월남전에 개입하던 때라 회의에까지 반미감정이 들끓고 미국을 성토하는 장이 되었다. 지루한 회의가 끝나고 혼자 영국 런던과 프랑스 파리를 여행했다. 귀로에는 일본에 들러 잠시 머물기도 했다.

1965년 1월 정부는 우리 젊은 군인들을 월남전쟁에 파병했다. 6.25전쟁 때 월남 의용군이 한국전에 참전한 데 대한 보답의 의미도 있었지만, 미국의 요청으로 보냈던 것이다. 정부는 다시 미국의 요청에 따라 일본과 외교관계를 맺고자 했다.

미국의 극동 아시아 군사, 외교정책 중의 하나는 한국과 일본을 하나로 묶어 소련, 중국, 북한과의 대치선을 분명히 하려는 것이었다. 중앙정보부장이던 김종필은 1962년부터 비밀리에 일본을 방문하여 한일 간의 각종 현안들인 대일 보상청구권, 평화선, 재일 동포 법적 지위문제 등을 협의하면서 타협하고 있었다. 이에 야당, 학생, 일반 국민들의 '한일 굴욕외교 반대투쟁'이 격화되었다.

1965년 7월 초, 김재준은 한경직, 이해영, 강신명, 문재린, 송두규, 이태준 목사 등과 함께 영락교회를 중심으로 기독교계의 한일 굴욕외교 반대운동을 초교파적으로 전개했다. 처음에는 6, 7명에 불과하던 사람들이 점차 늘어 각 교파 교역자들이 거의 가담했다. 그는 성명서, 공개서한 등의 문서를 초안했다. 반대운동 막바지에는 영락교회당 안에서 공식예배와 강연회를 가졌다. 예배 형식이 아니고서는 당국의 집회허가를 받아야 했기 때문에 이렇게 한 것이었다. 예배당이 초만원을 이룬 가운데 한경직은 설교를 하고 김재준은 강연을 했다. 한경직의 설교는 1만 명 가까운 청중들을 울리며 매혹시켰다.

김재준은 강연을 통해 "일본이 일로 전쟁 이전에, 39도선으로 한반도를 분단하여 러시아와의 세력 균형을 유지하려 했던 사실과 러시아가 이에 불응하자 일로 전쟁 준비에 광분했던 사실을 말하고 다음으로 일본은 지금도 침략 야심에는 변함이 없으나 그 방법에 있어서 군사, 정치, 경제의 순차적 지배라는 종전의 순서를 경제, 정치, 군사의 역순서로 진행시키려 하고 있다는 것을 폭로했다. 금후의 한국은 미국 자본 아래 있는 중남미와 비슷하게 그보다도 더 나쁘게, 일본 경제 침략의 제물이 될 공산이 크다고 경고했다."

각계각층의 반대에도 불구하고 정부는 1965년 8월 계엄령 하에서 한일 협정을 맺었다. 김재준은 이러한 협정이 한일합방 때와 비슷하다고 생각했다.

이 무렵 한신대학과 기장 총회는 그동안의 노고에 감사와 존경의 뜻을 표시하기 위하여 김재준에게 몇 가지 직책을 맡겼다. 한신대학은 그를 1965년 4월 명예학장으로 추대했고, 기장 총회는 50주년을 맞이하는 같은 해 9월에 총회장으로 추대했으며, 다음 해에는 한신학원 이사장(1966~1970)으로 추대했다. 그는 총회장으로 일본 기독교단을 방문했다. 그는 그곳에서 히야네[比屋根], 다까야나기[高柳] 등 옛 스승들과 일제말 조선신학원에서 가르쳤던 미야우찌를 만났다. 그는 환영예배에서 일본말로 연설할 수 있었음에도 불구하고 동경한인교회의 이인하 목사에게 통역을 부탁했다.

"일본과 한국은 가깝고도 먼 나라라고 하지만, 그것은 인간관계의 소외 때문이라고 본다. 모든 은구(恩仇)를 넘어 그리스도의 사랑 안에서 인간관계가 화해될 수 있다. 우리는 이제부터 인간관계 개선에 중점적으로 노력해야 하겠다. 그것을 위해서는 인물 교류, 연구 재료 교환, 교회사 공동연구, 신학생과 신학 교수 교류, 안식년 해당 목회자 초청 목회 실습과 시찰, 공동 선교 그리고 이런 사업을 가능케 할 기금 설정 등등이 있을 수 있다. 한일관계에서 일본 교회의 '사죄와 속죄' 운운하는 얘기가 들려오지만 그럴 필요는 없다. 1945년 8월 15일 해방을 통해 하나님은 이미 한국 교회와 일본 교회의 죄과를 용서하고 친교와 협동을 당부하신 것으로 믿기 때문이다. 일본 교회로서는 일본 정부의 대한(對韓) 태도 개선, 일본 국가의 성격 갱신에 중점적인 선교 목표를 두었으면 하고 기대한다 ……."

김재준은 그 길로 캐나다로 가서 몬트리올 맥길신학교에서 열리는 '신앙과 직제' 세계대회에 고문 자격으로 참석했다. 그는 이 대회에 참석하면서 이방인과 같은 소외감을 느꼈다. 회의에서 논의되는 내용이 부유한 서구 사회와 수천 년 지내오면서 성숙한 서구 교회 중심이었기 때문이었다. 가난하고 부조리한 한국의 현실과 아직도 전통 종교를 극복하지 못하는 한국 교회를 생각할 때에 이런 논의는 너무나도 거리가 먼 것이었다.

1969년 박정희는 집권을 연장하기 위하여 헌법을 고치려 했다. 헌법에 의하면 대통령은 2번 이상 못하게 되어 있는데, 그

헌법에 손을 얹고 선서한 그가 이제 헌법을 고쳐 다시 대통령에 출마하겠다는 것이다. 이에 야당과 재야 원로들은 '3선개헌반대 범국민 투쟁위원회'를 결성했다.62) 준비위원회가 모이던 날 친구인 김상돈이 집으로 찾아와 자기 차에 태우고 데려갔다. 영문도 모르고 따라간 곳에는 사람들이 입추의 여지없이 꽉 차 있었다. 회의가 거의 끝날 무렵에 들어갔는데 의장을 뽑는다고 공천위원회가 구성되고 김재준이 의장으로 호명되었다. 그는 두세 번 거절했으나 이 모임은 한 달 후에 있을 정식 발기인 대회 준비에 불과하다고 강청해서 그때까지만이라는 조건으로 받아들였다.

한 달 뒤에 정식 발족한 투쟁위원회에서는 그를 다시 위원장으로 선출했다. 사퇴 운운하는 것은 박정희 앞에서 약점이 될 것이기 때문에 두말하지 않았다. 실행부가 모일 때 사퇴하고 퇴장까지 했지만, 그렇게 되면 다시 모이지 못한다고 해서 다시 들어가 계속했다. 자신은 정치에 야심도 없고 사회적인 명망도 있으며 자유 민주주의에 깊은 관심이 있기 때문에 자신을 의장으로 추대했다고 생각했다. 즉, 모임을 위하여 그의

---

62) 김재준은 훗날 이 모임을 통해 자신의 사회참여의식이 강화되었다고 고백했다. "나의 사회참여의식은 '3선개헌반대 범국민 투쟁위원회' 때부터 강화되었다. 그 전에는 없었던 것은 아니지만 그것이 '짐'(burden)이 되어 나를 누르는 정도는 아니었다"(김재준, 『범용기』, 4쪽).

이름이 필요했던 것이다. 그는 이런 상황을 알면서도 자신의 이름이 민주주의를 위해서 응결력이 된다면 기꺼이 사용될 수 있다고 보았다. 그리고 "사람의 사회생활이란 이용당하면서 이용하는 양면이 함께 있다는 것을 벗어날 도리가 없는 것이고, 그런 가운데서도 자신의 인테그리티(integrity)를 지킬 줄만 알면 되는 것"이라고 생각했다.

김재준이 투쟁위 위원장직을 맡자 청와대 측은 「대한일보」 김연준 사장에게 압력을 넣었다. "당신 신문사 논설위원이 3선개헌반대 범국민 투쟁위원회 위원장이라는데 사장으로서 무슨 조처가 있어야 할 것이 아니냐"는 것이었다. 김 사장은 김재준에게 논설위원직을 계속 맡기고자 고심하다가 마침 런던에서 열리는 YMCA 세계대회에 김은우 논설위원과 함께 여비를 주어 보냈다. 청와대의 압력을 피하기 위하여 외국에 잠시 나가있으라는 뜻이었다. 그리하여 그 회의에 참석하고 런던에 열흘쯤 머물다 자녀들이 있는 캐나다 토론토로 갔다. 토론토에 도착하자 강원룡에게서 빨리 귀국하라는 전보가 왔다. 투쟁위원회에서도 연락이 왔다. 그는 이튿날 한국행 비행기에 몸을 실었다.

투쟁위에서는 국회투표를 몇 주일 앞두고 대규모 시민집회를 열었다. 효창공원에서 열린 6만여 명이 모인 집회에서는 장준하가 사회를 보고 김재준이 개회사를 했으며 야당 정치인들이 연설을 했다. 특히 김대중의 연설은 청중들의 마음을 사로잡기에 충분했다. 플래카드를 앞세우며 시가행진도 했다. 이 일로 인하여 많은 젊은이들이 구속되고 고문당하고 감옥에 수감되었다. 김재준은 서대문 구치소로 면회를 갔다.

"얼마나 고생스러운고?"

"괜찮습니다. 고생이 무슨 고생입니까? 저희 걱정은 마시고 민주화 운동을 계속해 주십시오. 나가면 저희도 또 하겠습니다."

비록 감옥에 있지만 명랑하고 씩씩하게 말하는 젊은이들을 보면서 이들이 바로 한국의 소망이라 생각하며 고마워했다.

3선 개헌안이 국회에 제출되더라도 통과될 가능성은 없었다. 국회의원들이 밤낮 의사당에서 농성을 하고 회의진행을 막고 있었기 때문이었다. 그러나 국회의장인 이효상은 밤 12시에 집으로 간다고 말하면서 공화당 의원 몇 사람과 함께 뒷문으로 나가 길 건너편에 있는 제3별관으로 갔다. 제3별관은 앞문이 닫혀 있었기 때문에 뒤로 돌아 판자로 된 뒷문을 뜯고 들어가 촛불을 켜놓고 3선 개헌안 통과라고 속삭이며 방망이를 두들겼다. 그리고 이들은 각 신문사에 통고하고 도망쳤다. 박정희의 지령대로 날치기 통과를 시킨 것이다. 박정희는 새벽 3시에 이 안에 서명한 후 기자들에게 발표했다. 이어진 국민투표도 엄청난 부정과 조작으로 치러졌다.

민권투쟁위원회 경기도 발기대회에. 김재준은 5.16 군사쿠데타로 한신대 학장직에서 강제로 물러난 뒤 한국의 민주화 운동에 점점 더 깊이 관련되어 갔다.

박정희의 의도대로 3선 개헌안이 통과되니, 이제 투쟁위의 목표는 사라졌다. 따라서 부득불 위원회를 해체해야 했다. 그렇지 않으면 쑥스러운 웃음거리밖에 되지 않을 것이었다. 김재준에게 함께 정당을 하자고 제안하는 사람도 있었지만 그는 그것이 자신의 길이 아님을 알고 거부했다. 침통하고 좌절된 분위기 속에서 진행된 해체식에서 김재준은 위원장으로서 간단하게 인사했다.

"이제부터 장기적인 국민 민주화 계몽운동에 각자 있는 고장에서 유의하시기 바랍니다. 나는 교회의 사회화와 국민의 민주화에 미력이나마 장기 봉사할 작정입니다."

김재준의 투쟁위 활동을 두고 보수적인 기독교계에서는 말도 많았다.

"목사가 왜 정치에 관여하느냐?"

"목사가 왜 정치인들과 어울리느냐?"

"순수하게 교회 지도자로서 호소하면 함께 할 수 있지 않느냐?"

"투쟁위라는 이름에서 '투쟁'이라는 단어가 기독교인의 성미에 거슬린다."

그럴 때마다 김재준은 말했다.

"정치에 관여하지 않고 하룬들 살 수 있느냐? 정부에서 하는 대로 하는 친여적인 형태는 정치가 아니고 정부의 잘못을 충고하는 것만이 정치 관여냐?"

"헌법은 국민이 자기들 주권을 수호할 유일한 근거이기 때문에 그걸 양보 또는 포기한다는 것은 자기 주권의 양보 또는 포기를 의미하는 것이다."

"의를 위한 투쟁을 회피했다면 예수님도 십자가를 지지 않았을 것이다."

"예수님도 세상에 싸움을 일으키려 왔노라 하지 않았는가?"

투쟁위 활동을 할 때 김재준은 기독교계 월간 잡지인 『기독교 사상』 주간으로 있는 박형규 목사 사무실을 찾아갔다. "박정희가 아무래도 3선개헌을 해서 영구집권을 도모하는 것 같다. 지금 이를 저지하지 않으면 우리는 얼마나 오래 군부 독재하에서 살아야 할지 모른다"고 말하면서 잡지를 통해 개헌반대운동을 하라고 권했다. 그러면서 "오랫동안 제자들을 길렀는데 막상 이런 위기 상황에 처해서는 선생의 뜻을 따르는 사람이 없다"라고 하면서 제자들에 대한 섭섭한 심정도 내비쳤다. 그리하여 박형규는 그 다음 달 호에 '개헌론'이라는 특집을 꾸미게 되었고, 개헌반대논쟁에 참여했다.63) 또한 박형규는 김재준에게 이문영, 서광선, 현영학, 이극찬, 홍동근 등 자기의 친구들을 소개하기도 했다. 이들은 1970년 9월에 창간한 『제3일』이라는 잡지의 동인으로 함께 일했다.

김재준이 동인들과 함께 『제3일』이라는 잡지를 간행하게 된 것은 '교회의 사회화와 국민의 민주화'에 기여하기 위한 것이었다. 이것은 일제와 해방 직후 질식할 것같이 답답한 시절에 작은 소리라도 질러보고 싶은 마음에서 혼자 간행했던 『십자군』이라는 잡지의 연속선상에 있었다.

"6.25이후, 4.19와 5.16을 거쳐 오늘에 이른 한국은 이제 무엇인지 석연치 않은 데가 너무 많다. 경제가 놀랄 만큼 성장했다는데 사계(斯界)의 소식통들은 텅 비어있다고 한다. 고층건물이 날마다 올라가지만 그건 변태 현상(變態現象)이라고도 한다. 민주주의라는 간판은 있는데 민주정신은 어느 지

---

63) 박형규, 「장공과의 만남과 억지 제자의 변」, 『장공이야기』, 333-334쪽.

상에서 증발(蒸發)했는지, 어느 지하에서 새어 나갔는지 자취가 날로 희미해진다. '자유'라는 단어는 간접침해(間接侵害)랄까 음성압력(陰性壓力)이랄까 하여튼 무언가의 중압 때문에 저절로 위축(萎縮)되어 간다. 하나님의 의(義)와 사랑을 대언(代言)한다는 교회도 대체로는 꿀 먹은 벙어리같이 포만(飽滿)해 있다. '복음'이란 것은 역사에서 유리(遊離)된 천당에의 자장가인 줄 생각하는 신자가 많다. '사랑'은 불의에의 관대(寬大)라고 오전(誤傳)한다. '평화'는 충돌회피라고만 생각한다. 기골(氣骨)없는, 얌전하기만 한 행동보류(行動保留)가 신자의 높은 덕이라고 자부한다. 그러나 '복음'같이 전투적인 것이 어디 있는가. 이 악의 세대에서 '사랑', '평화', '정의' 등을 말한다는 것 자체가 그만큼 수난의 십자가를 져야 한다는 것을 의미한다. 그러나 그런 크리스챤만이 그리스도와 함께 '제3일'을 약속받은 것이 아니겠는가? 그래서 우리는 같은 뜻을 모아 이 '작고 고요한' 소리를 『제3일』에 실어 보내는 것이다."

그가 『제3일』이라는 잡지의 이름을 선택한 이유는 제3일에 있었던 예수 부활의 희망이 우리 민족에게도 피어나기를 원하였기 때문이다.

"'오늘도 내일도 나는 내 길을 간다!' 이것이 예수의 삶이었다. 사람들은 자기들이 가는 길대로 가지 않는다고 그를 잡았다. 그래서 첫 날에 그를 십자가에 못 박아 죽였다. 다음 날에는 무덤 속에 가두고 인봉했다. 그러나 인간들이 자기 악의 한계점에서 '됐다' 하고 개가를 부를 때 하나님은 '아니다!' 하고 무덤을 헤친다. 예수에게서 이 '제3일'이 있었다. 그의 생명은 다시 살아 무덤을 헤치고 영원에 작열(灼熱)한다. '제3일', 그것은 오늘의 역사에서 의인이 가진 특권 — 역사의 희망은 이 '제3일'에서 동튼다. 이 날이 없이 기독교는 없다. 이 날이 없이 새 역사도 없다."

1971년 4월 박정희와 김대중이 대통령 후보로 대결하는 국민투표일을 앞두고 서울 종로 YMCA 회관에서는 민주수호국민협의회가 결성되었다. 여기에서 김재준은 이병린, 천관우, 함석헌, 지학순과 더불어 대표위원으로 추대되었다. 이 협의회는 박정희의 독재에 대한 항거와 부정불법선거에 대한 경고, 그리고 국민투표에 대한 국민의 권리와 의무를 촉구하기 위한 결의문도 채택했다. 그러나 박정희는 온갖 금권, 관권 등을 동원한 부정선거에도 불구하고 김대중을 94만여 표 차이로 겨우 이겼다. 그리고 그 해 12월 대통령 권좌에 불안함을 느낀 박정희는 비상사태를 선언하고 민주인사들에 대한 구속 수감, 가택 연금 등 탄압을 자행했다. 또한 다음 해인 1972년 12월에는 전국에 비상계엄령을 선포하고 국회 해산, 정당정치활동금지, 집회금지, 언론보도 사전검열, 대학 휴교,

군법회의 설치 등을 강행하면서 비상국무회의에서 '유신헌법'을 의결했다. 이것은 자신이 대통령직에 있으면서 영구통치를 하겠다는 의도였다. 1973년 12월 백낙준, 함석헌, 김재준, 유진오, 이인, 천관우, 지학순, 김수환, 한경직 등 기독교계와 사회 각 계층 원로 15명이 박정희에게 유신헌법을 자유민주주의 국민헌법으로 되돌려놓으라는 건의서와 면담 요청서를 보냈지만, 박정희는 아무런 응답도 없이 이를 무시해버렸다. 이런 상황에서 김재준은 1971년부터 1974년 3월 캐나다로 출국할 때까지 네 차례에 걸쳐 가택연금을 당하면서 기관원의 감시를 받아야 했다.

캐나다 이민 생활

1974년 3월 김재준은 대부분의 자녀들이 이민하여 살고 있는 캐나다로 갔다. 칠순 노인으로 박정희 정권의 위협 속에서 네 번째 자택연금을 당하는 형편을 염려하여 가족들이 그를 초청한 것이다. 제자들과 민주동지들은 캐나다로 떠나는 그를 이해하지 못하여 실망하기도 했다. "이런 난국에 어떻게 이 나라를 떠나실 수 있다는 말인가? 비겁한 짓 아닌가? 우리가 알 수 없는 피치 못할 사정이 있는 것인가? 우리는 어떻게 싸우라고 버리고 가시는 것인가?" 그에 대한 불만과 궁금함, 그리고 섭섭함과 아쉬움 등이 엉켜있었다. 그들은 "예수님의 제자들이 스승을 잃고 각자 제 본래 삶의 자리로 돌아갈 때 가졌음직한 허탈감" 같은 것도 느꼈다. 당부의 말이나 돌아올 것이라는 약속도 없이 무표정한 얼굴에 눈물이 잔잔히 고인 그의 모습은 공항에서 그를 전송하는 사람들의 마음을 더욱 서글프고 괴롭게 했다. 그리하여 박형규 목사는 김재준이 떠난 뒤 공항에서 전송했던 사람들과 함께 김재준을 생각하면서 당시 유행하던 노래를 부르기도 했다.[64]

"바닷가 모래 위에 손가락으로
그림을 그립니다. 당신을 그립니다.
코와 입, 그리고 눈과 귀 턱 밑에 점 하나
입가의 미소까지도 그렸지마는
아 - 마지막 한 가지 못 그린 것은
지금도 알 수 없는 당신의 마음."

김재준은 캐나다에 머물면서도 조국의 민주화를 위해서 활동했다. 1974년 3월 국내 출판법에 의해 정간된 『제3일』을 그해 10월부터 캐나다에서 속간하여 1981년 6월까지 60호를 발행했다. 잡지를 만드는 일은 거의 그의 몫이었고 가족들이

---

64) 김상근, 「인격으로 인격을 배웠다」, 『장공이야기』, 263-264쪽.

도와주었다. 후원금과 구독료도 있었으나 운영자금은 항상 넉넉하지 못했다. 그렇지만 그는 제3일의 논리를 계속 펴나갔다. 그는 또한 자신의 전기인 『범용기』를 써서 캐나다에서 출판하기도 했다. 이 책은 국내에서 한때 불온서적으로 취급되어 읽는 것이 금지되기도 했다. 민주인사들의 책을 판매 금지시키고 읽지 못하게 하는 것은 독재정권의 일반적인 특징 중의 하나였다.

그는 미국과 캐나다 등 북미주를 중심으로 조국의 민주화를 위한 모임도 결성했다. 1975년에는 북미주 한국인권수호협의회 의장을 맡기도 하고, 1978년에는 북미주 민주주의와 민족통일을 위한 국민연합 위원장을 그리고 1982년에는 북미주 한국민주회복 통일촉진국민회의 의장을 맡기도 했다. 북미

1974년부터 1983년까지 자녀들이 있는 캐나다에 머무는 동안 북미주와 유럽 등지를 돌며 민주화 운동을 하였다.

주 활동을 하면서 캐나다 동부에서 서부까지, 미국 동부에서 서부까지 그리고 유럽, 일본 등을 누비며 강연도 하고 설교도 하며 때로는 유엔 본부와 워싱턴 거리에서 데모도 했다. 70대와 80대의 노인으로 긴 여행을 하면서 독재정부와 대항한다는 것은 쉬운 일이 아니었다. 1974년 김대중 납치사건을 비롯한 민주인사들에 대한 탄압과 죽음의 위협을 지속적으로 가하는 박정희 정권의 공작이 언제 그를 집어삼킬지 모르는 상황이었다. 그리하여 그는 때로 생명의 위협을 느끼기도 했다.

뉴욕을 방문했을 때 그는 이윤구가 운전하는 차를 타고 뉴저지 쪽으로 고속도로를 달렸다. 그가 탄 자동차는 마침 대형 트럭을 지나치고 있었다. 평소에는 흥분하거나 큰 소리로 말하지 않던 그가 갑자기 차를 멈추라고 당혹스럽게 호령했다. 이윤구는 영문도 모르고 고속도로 갓길에 차를 세웠다. 김재준은 대형 트럭이 자취를 감출 때까지 두려운 얼굴로 내다보다가 한참 후에 숨을 돌리면서 "혹시 그 트럭이 한국의 중앙정보부에서 나를 해치려고 보낸 차가 아닐까 하는 육감이 갑자기 들었다"고 말했다.[65] 이것은 그의 불길한 육감에 불과했지만 당시 박정희 독재정권에 항거하면서 민주화 운동에 앞장섰던 사람들은 이러한 정신적 위협을 항상 느껴야만 했다.

---

65) 이윤구,「내 혼 속에 오늘도 살아 계신 님」,『장공이야기』, 212쪽.

특히 북미주 지역 민주화 운동의 거점이라 할 수 있는 김재준이 느끼는 그와 같은 정신적 공포는 당연한 것이었다.

1970년대 말 캐나다에 있을 때 북한 사람들이 그에게 북한 방문을 주선했다. 또한 독일을 방문했을 때 스위스 제네바의 북한 대사관에 들러 그들과 대화도 나누었다. 그는 북한 땅에 있는 고향을 방문하고 싶기도 하고, 북한을 방문하여 김일성과 통일에 대해서 허심탄회하게 대화를 나누고도 싶었다.

"북한 사람들 말이야, 참 친절하고 좋은 사람들이더라. …… 대사를 만난 건 아니고 북한에서 나온 고위층 사람이라는데 참 점잖고 민족의 운명에 대해 진지하게 대화를 나눌 수 있더라. …… 나더러 고향에 가고 싶으면 언제든 오라고 하는 거야. 연세도 드셨는데 한번 고향에 가보셔야지요 하고 말이야. 참 따뜻하게 말하는 거야 …… 우리 민족이 서로 적대해서 엄청난 무기를 가지고 싸워보았자 누구 좋은 일하는 거겠어? 나는 그래서 말이야, 늙은이답게 인간이 만든 휴전선이고 반공법이고 다 무시하고 훨훨 자유롭게 고향에 가보고 싶어. 그리고 김일성을 만날 수 있으면 만나서 말이야, 우리 민족의 통일을 위해서 대화도 해보고 싶단 말이다."[66]

그러나 그는 북한 방문을 포기해야 했다. 그가 만약 북한을

---

66) 김윤옥, 「민족 화해의 물꼬 트기를 원하시던 목사님」, 『장공이야기』, 270쪽.

방문한다면 한국의 독재정권은 그와 관계되는 사람들을 공산주의자로 몰아 탄압할 것이 분명했기 때문이다. 북한 방문을 포기한 그는 사위인 이상철과 함께 "동지들의 의견이 이러니 갈 수는 없지만 후세 사람들에게 옹졸했다는 평을 면할 길이 없게 됐다"고 말하며 쓴웃음을 지었다. 그러나 다른 한편 "가서 제멋대로 훌훌 돌아다닐 수 있다면 신나겠는데 안내자라는 감시원에게 포로처럼 끌려 다닐 바에야 안 가는 것이 나을지도 모르지"라고 말하기도 했다.[67]

마지막 불꽃

1970년대 말과 1980년대 초반 한국의 정세는 급박하게 돌아갔다. 1979년 10월 26일 박정희가 암살당하고, 전두환이 그 해 12월 12일 쿠데타를 일으켜 정권을 찬탈했으며, 1980년 5월 16일에는 광주민주항쟁이 일어났다가 처절하게 막을 내렸다. 이러한 상황에서 국내의 민주화 세력은 김재준이 귀국해야 한다는 목소리를 높였다. 1979년에는 윤보선, 함석헌, 김대중 세 사람의 연서로 귀국을 요청했다. "고난 받는 후배들이 목사님이 옆에 계시기를 원합니다"라는 호소도 들려왔

---

67) 이상철, 「온 세계를 마음에 품고 사신 분」, 『장공이야기』, 54쪽.

다. 그러나 그의 귀국은 쉽게 결정할 수 있는 문제가 아니었다. 지금까지 맡아온 해외에서의 활동도 중요했으며, 섣불리 귀국했다가는 독재정권에 항복한다는 오해를 받을 수도 있었기 때문이었다. 그리하여 주변에서는 귀국하는 것보다 지금처럼 해외활동을 하는 것이 아직은 더 유익하다는 의견을 개진하기도 했다.

그러던 중 김재준은 귀국하기로 결심했다. 캐나다에서 계속 지낸다는 것은 "너무 편한 팔자인 것 같아서 하느님께 죄송해"지기 때문에 귀국하기로 마음먹은 것이다.[68] 여기에는 한국에서 민주화 운동을 하는 후배들과 동지들의 고난에 직접 동참하지 못한 것에 대한 미안한 마음도 배어 있었다. 다

귀국 후 따뜻한 봄날 부인 장분여 여사와 함께. 80대 중반의 나이에도 한국의 자연을 찾아 국토를 순례하고 조국의 민주화를 위해 강연과 설교를 계속했다.

---

68) 김상근, 「인격으로 인격을 배웠다」, 『장공이야기』, 265쪽.

른 한편 그가 귀국하기로 결심한 배경에는 10년 동안 떠나 있었던 조국에 대한 그리움도 작용했다. 그리하여 그는 귀국한 뒤 고국의 산천을 두루 여행하기도 했다.

그는 1983년 9월에 귀국했다. 1983년은 자신의 신학적 문제와 조선신학교로 인하여 생겨난 기장 총회가 30주년을 맞이하는 해이기도 했다. 수유리 집에 머물면서 고국의 산천을 여행하기도 하고, 지병인 당뇨병과 간 경화증으로 거동이 불편해진 후에는 집 근처의 산책길을 즐기기도 했다. 또한 시국 문제로 재야 원로들과 대화를 나누면서 국가의 장래와 민주화를 위하여 생애의 마지막 순간까지 최선을 다하기도 했다. 특히 1987년 1월에 대학생이던 박종철 군이 고문으로 살해당하자 '고 박종철 국민추도회 발기인'으로 참여했으며, 이 해 1월 19일에는 함석헌과 함께 「새해 머리에 국민에게 드리는 글」을 남기기도 했다. 건강이 허락하는 한 설교나 강연을 부탁받으면 사양하지 않고 원고를 준비하여 행했다. 삶의 마지막 순간에는 한양대학병원에 입원하여 제자들과 지인들의 문병도 받았지만, 그의 자세나 언어는 흐트러지지 않고 분명했다. 1987년 1월 27일 오후 8시 51분 그는 하나님의 부르심을 받고 이 세상에서의 삶을 마감했다.

민주화 운동으로 인하여 청주 교도소에서 수감생활을 하던 김재준의 제자 문익환 목사는 그를 추모하면서 「큰 스승이시

여: 장공 김재준 목사님 영전에」라는 시를 썼다.[69]

영정. 예와 아니오를 분명히 말하면서 근본주의와 독재에 맞서 예언자적 양심으로 살다간 김재준은 87세의 일기로 이 땅에서의 삶을 마감했다.

　스승이시여
　큰 스승이시여
　하늘 같은 땅 같은 스승이시여
　당신이 가실 날이 이렇게 오고야 말았군요.
　구만 리 장공 훨훨 나는 마음으로
　이 강산 굽이굽이 안 가는 데 없이 불어예는 슬픈 바람으로 언제 어디서나 우리와 함께 계시려고 ……

　아마 1975년이었을 것입니다
　당신이 자리를 비우신 이 나라는
　마치 기수를 잃은 군대처럼 갈팡질팡이었습니다.
　그래서 빨리 돌아오시라고 띄운 이 못난 제자의 편지에 당신의 회답은 불호령이었습니다.
　"너희 젊은 것들은 뭐냐?

---

69) 장공 김재준 목사 탄신 100주년 기념사업위원회 편, 『장공이야기』, 388-398쪽.

다 늙은 내가 나가야 한다면
싸움은 이미 진 싸움이 아니냐?" ……

스승이시여
만년 청청하게 우리와 함께 서 계실 스승이시여
낙락장송은 정몽주의 것만은 아닙니다.
당신도 낙랑장송입니다
1987년 이 준열한 역사의 절벽에 온몸으로 버티고 서
서 역사를 증언하는 낙락장송이십니다.
정몽주가 옛 질서를 지키려다가 죽어간
고풍창연한 솔이라면
스승이시여 당신은 불어오는 바람과 맞서서
내일의 꿈을 휘날리는 낙락장송이십니다. ……

아 — 당신은
저 두꺼운 역사의 벽을 한 번도 아니고
두 번 세 번 어렵잖이 무너뜨리시고
백지장 뒤집듯 역사의 새 장을 여셨습니다. ……
갓 풀려난 죄수들의 울분이 가슴에 살아 있고
갓 면천한 천민들의 뚝심만 있다면
당신이 지난 날 해낸 일
우리도 내일 또 모레 해보일 것입니다
스승이시여 고마운 스승이시여
길이 우리와 함께 계시소서.

1월 31일 장례를 끝마치고 유품을 정리하던 박형규 목사는 거실에서 자그마한 액자에 붓으로 적은 '나의 좌우명'을 발견했다. 김재준은 젊은 시절부터 이러한 삶의 원칙을 정하여 지키려고 노력했었다. 이것은 기독교 신앙을 그의 삶에서 구체적으로 실천하려는 내용이기도 했다.

> 나의 좌우명: 바로 살려는 노력
> ① 말을 많이 하지 않는다.
> ② 대인관계에서 의리와 약속을 지킨다.
> ③ 최저 생활비 이외에는 소유하지 않는다.
> ④ 버린 물건, 버려진 인간에게서 쓸모를 찾는다.
> ⑤ 그리스도의 교훈을 기준으로 '예'와 '아니오'를 똑똑하게 말한다. 그 다음에 생기는 일은 하나님께 맡긴다.
> ⑥ 평생 학도로 산다.
> ⑦ 시작한 일은 좀처럼 중단하지 않는다.
> ⑧ 사건 처리에는 반드시 건설적, 민주적 질서를 밟는다.
> ⑨ 산하(山河)와 모든 생명을 존중하여 다룬다.
> ⑩ 모든 피조물을 사랑으로 배려한다.

김재준은 오늘날도 찬송가를 통하여 한국 기독교인들에게 매우 가깝게 다가가 있다. 찬송가 261장 「어둔 밤 마음에 잠겨」의 1, 2절은 그가 지은 것이며, 3절은 그의 제자인 문익환

목사가 지은 것이다.[70]

> ① 어둔 밤 마음에 잠겨 역사에 어둠 짙었을 때에
> 계명성 동쪽에 밝아 이 나라 여명이 왔다.
> 고요한 아침의 나라 빛 속에 새롭다.
> 이 빛 삶 속에 얽혀 이 땅에 생명 탑 놓아간다.
>
> ② 옥토에 뿌리는 깊어 하늘로 줄기 가지 솟을 때
> 가지 잎 억만을 헤어 그 열매 만민이 산다.
> 고요한 아침의 나라 일꾼을 부른다.
> 하늘 씨앗이 되어 역사의 생명을 이어가리.
>
> ③ 맑은 샘 줄기 용솟아 거치른 땅에 흘러 적실 때
> 기름진 푸른 벌판이 눈앞에 활짝 트인다.
> 고요한 아침의 나라 새 하늘 새 땅아
> 길이 꺼지지 않는 인류의 횃불 되어 타거라.

어두움의 역사가 깊어가는 이 땅에 기독교가 하늘씨앗이 되어 역사의 생명을 이어가야 한다고 호소했던 김재준의 희망이 예수 그리스도의 몸인 교회를 통해 이루어지길 바란다.

---

70) 이 찬송시에는 종교적인 언어가 사용되지 않았지만, 수직적인 하나님에 대한 사랑과 수평적인 인간 사랑, 민족 사랑 등이 잘 나타나 있다(문성호, 「장공 김재준의 찬송시에 대한 신학적 이해」, 『장공사상 연구논문집』 2, 506-523 참조).

10. 김재준의 사상과 그 평가

김재준은 전집이 18권이 될 만큼 많은 종류의 글을 남겼다. 그가 다룬 분야도 신학 거의 전 분야에서부터 일반 학문에 이르기까지 다양하다. 책이나 논문, 수필이나 수상문, 설교문이나 강연록 등에 담겨져 있는 그의 사상을 일목요연하게 다 정리한다는 것은 많은 시간을 필요로 하는 어려운 작업이다. 따

1992년에 출판된
김재준전집 총18권.

라서 본 책에서는 그의 사상적 특징을 나타낼 수 있는 몇 가지 주제를 묶어 정리하려 한다. 우리는 이미 생애 부분에서 그의 사상과 관련된 내용들을 많이 다루었기 때문에 여기에서는 생애와 사상이 어떻게 연관되면서 진행되어 왔는지에 대한 보완 내지는 보충적 차원에서 그의 사상을 기술하고 평가하고자 한다. 이러한 기술과 평가는 그가 생전에 원했던 것처럼 독자들에게 '자유'를 주고, 후학들이 그의 사상을 넘어설 수 있는 기반을 제공하기 위함이다.

성경

김재준의 신학은 신정통주의 신학을 기반으로 하고 있다.[71] 따라서 그의 성경관 역시 신정통주의 신학자들이 제시하는 그것과 크게 다르지 않다.[72] 그에 의하면 성경은 하나님의 말씀이다. 이 말씀은 "하나님의 구속의 경륜과 구속주의 출현과 구속함 받고 영생 얻는 길을 계시하는 것이 그 목적"이다. 하나님의 계시의 말씀인 성경은 하나님이 인간과 세계를 구원

---

71) 신정통주의에 관해서는 김재준, 「신정통주의의 역사적 고찰」, 『십자군』, 1960/4을 보라.
72) 김재준의 성경관에 대해서는 김재준, 「축자영감설과 성서무오설에 대하여」, 『십자군』, 1950/3; 「성서비판의 의의와 그 결과」, 『십자군』, 1950/5 등을 참조하라.

하는 역사와 방법, 하나님이 보낸 구속주 예수 그리스도의 출현, 그리고 그리스도를 통하여 구원과 영생을 얻는 방법을 제시하고 있다는 것이다.

"성경의 목적은 무엇인가? '너희가 성경을 상고하는 것은 그 속에 영생이 있는 줄 아는 것이니 이 성경이 나를 위하여 증거하는 것이니라'(요 5:39) 하였으니 성경의 목적인 우리에게 영생을 얻게 하려는 것이요 영생은 예수를 증거하기 위한 것이다."

하나님은 사람을 통해서 자신의 말씀을 선포했다. 즉, "하나님은 우선 그 사람 자신을 영으로 감동시킨 후 그에게 하나님의 뜻이 무엇임을 깨달아 그 사람의 인격과 개성을 통하여 그 '말씀'을 선포"했다는 것이다. 여기에서 하나님이 감동시킨 사람은 이 세상에서 숨을 쉬면서 살고 있기 때문에 그를 통해서 선포된 하나님의 말씀에는 개인적인 특성과 그 개인이 살고 있는 사회의 문화가 반영되어 있다. 예를 들자면, 이스라엘 사람을 통해서 선포된 말씀에는 히브리어라는 언어와 이스라엘 사회의 문화, 그리고 그의 언어 습관 등이 내포되어 있다는 것이다. 고대 이스라엘 사람을 통해서 말씀을 선포하실 때 하나님은 고대인이 이해하지도 못하는 현대 천문학이나 물리학 등의 지식을 사용하지 않고 고대 이스라엘의 문화와 그의 지식의 한계 내에서 말씀하셨다는 것이다.

"하나님은 결코 사람을 기계처럼 다루지 않으신다는 것이다. 하나님께서 사람에게 자기를 계시하실 때에는 그 받을 사람에게 영감으로 임하시되 결코 그의 인격을 억압하거나 무의식의 상태로 빠지게 하는 것이 아니라 인격을 더욱 앙양하고 순결케 하여 어디까지나 자기로서의 인격적 반응이 철저하게 하시는 것이다. 모든 선지자들이 다 자기로서의 똑똑한 의식을 가지고 하나님의 말씀을 받아 그것을 똑똑한 정신으로 선포하였다."

하나님의 영감을 통하여 사람에게 계시되는 중요 내용은 두 가지다. 첫째는 하나님이 어떤 하나님인가 하는 것이고, 둘째는 하나님이 사람을 향하여 무엇을 하려고 하는 것인가이다. 즉, 하나님은 거룩하시고 인자한 분이며, 그분은 죄인을 구속하려는 일관된 목적을 가지고 행동한다는 것이다. 따라서 성경에 나타난 문자의 형식이나 문화가 어떻든 간에 그 안에서 하나님의 영감을 받은 사람이 전달하려고 하는 본의가 무엇인지를 파악하는 것이 중요하다. 성경의 내용이 문자적으로 과학적으로 역사적으로 얼마나 정확한가를 따지거나, 모든 면에서 절대로 정확무오하다고 주장하는 것은 성경을 대하는 올바른 태도가 아니다.

"그러므로 그는 성경에서 역사나 과학이나 연대표 등에 절대무오를 기하지 않으셨다. 그런 것은 그 시대 사람들의 지식

정도에 맡겨두신 것이다. 그리고 그는 성경의 문자적 무오를 기하지도 않으셨다. 그것은 다소의 문자적 오류나 역사, 과학 등 지식 부문의 불완전 때문에 구속의 경륜이 좌우되는 것은 아니기 때문이다."

이것은 근본주의자들이 말하는 성경 절대무오설, 즉 성경에는 현재의 과학이나 역사적 지식에 비추어 볼 때 틀린 내용이 절대로 없다는 주장이나, 성경의 축자적무오설, 즉 성경의 문자 하나하나에 틀린 내용이 하나도 없다는 주장이나, 성경의 기계적영감설, 즉 하나님은 인간에게 그의 말씀을 계시하실 때 사람을 기계처럼 작동하게 하셔서 말씀하시는 그대로 받아쓰게 하셨다는 주장이나, 성경의 축자영감설, 즉 성경의 문자 하나하나, 토씨 하나하나에까지도 하나님의 영감이 부여되어 있어서 틀린 것이 하나도 없다는 주장 등은 성경을 바르게 이해하는 태도가 아니라는 것을 의미한다.

김재준에 의하면, 성경 본문의 내용을 문자적으로 절대시하는 근본주의적 성경관은 "신앙의 중심이 살아 계시고 인격이신 하나님과 그 독생자 그리스도에게서 떠나서 기록된 문서로서의 인격 아닌 성경으로 옮겨졌으며, 그 때문에 영의 종교가 책의 종교로, 인격의 종교가 물상의 숭배로, 자유하는 복음의 종교가 노예화하는 율법의 종교로 전락"하게 한다고 비판했다.[73)] 근본주의적 성경관은 기독교를 정체시키고 율법화하며 비인격화한다는 것이다.

김재준에 의하면 하나님의 말씀으로 계시된 성경은 문화적이고 역사적인 상황에서 씌어졌기 때문에 비평(criticism)이 필요하다. 여기에서 비평이란 비난이나 단순한 비판이 아니라 진리의 탐구를 위한 것이다. 성경은 비평을 통해서 "그 진가가 상실된 일이 없을 뿐 아니라, 도리어 종래의 불순한 진애가 일소되고 그 본질적인 것이 더욱 뚜렷이 드러났다." 성경의 진리는 비평을 하면 할수록 더욱 빛나게 된다는 것이다.

그는 소위 저등비평(lower ciriticism)인 본문비평과 언어비평뿐만 아니라 고등비평(higher criticism)인 문학적 비평과 역사적 비평도 필요하다고 말한다. 예를 들자면 성경에는 원본이 없고 다양한 사본들만 있는 상황에서 더 좋은 본문, 더 나은 본문을 찾기 위한 노력인 본문비평이 있어야 하고, 성경의 언어인 히브리어, 아람어, 헬라어 등이 성경에서 구체적으로 어떻게 사용되고 있는가를 연구하는 언어비평이 있어야 한다는 것이다. 뿐만 아니라 성경은 문자로 씌어진 문서이기 때문에 문학적 분석인 문학비평이 있어야 되고, 역사적으로 구체적인 상황 속에서 씌어졌기 때문에 성경의 내용이 역사적 상황과 어떻게 연관되는가를 연구하는 역사비평도 필요하다는 것이다.

---

73) 김재준, 「대한기독교장로회의 역사적 의의」, 1956.

김재준에 의하면, 이러한 성경에 대한 비평은 "신학자들이 자기가 추상해 낸 교리를 옹호하기 위하여 자기에게 편한 대로 성경을 왜곡, 사용하는 일"을 못하게 할 뿐만 아니라 "소위 우의적 해석이니 교리적 해석이니 하는 것 때문에 성경 기자의 본의가 무시를 당하는 일"도 막을 수 있다. 즉, 성경 자체의 실존을 인간이 세운 교리체계에 그대로 맞추려는 시도를 막을 수 있다는 것이다. 이것은 성경을 교리보다 더 우위에 놓기 위해서라도 성경에 대한 문학적·역사적 비평을 포함하는 비평이 필요하다는 것을 뜻한다. 이러한 성경관은 종교개혁자들이 교리와 성경의 권위를 동일시한 로마 가톨릭 교회를 반박하면서 성경의 권위를 교리보다 우위에 놓았던 것과 맥을 같이 한다. 칼빈도 성경은 씌어질 당시의 역사적 상황과 문화를 배경으로 계시되고 집필되었기 때문에 읽는 사람들은 자신의 문화적 배경에서 성경을 해석하여 하나님의 뜻이 무엇인지를 깨달아야 한다고 역설했었다. 이런 의미에서 김재준은 칼빈적이며 신정통주의적인 성경관을 가지고 있었다.

책이 많아 항상 비좁기만 했던 서재에서.

김재준의 성경관은 자신의 독창적인 창작이 아니라 당시 유럽이나 북미주 등지에 있는 대부분의 주류 신학교에서 가르쳐지던 내용이었다. 그는 일본과 미국에 유학하면서 성경에 관한 이러한 지식을 습득했다. 또한 이와 같은 성경관은 구미나 일본 등지에서 유학하고 돌아온 신학도들이나 선교사들에 의해 이미 한국에 소개되기도 했다. 그러나 김재준은 근본주의적 성경관이 주류를 이루고 있는 한국 장로교회 안에서 역사비평적 성경관에 입각하여 성경연구논문을 발표하면서 근본주의 신학의 성경관을 정면으로 반박했을 뿐만 아니라 근본주의자들의 경고에도 불구하고 이를 신학교에서 계속 가르쳤기 때문에 그들과 치열한 논쟁을 벌여야 했고 교회정치에서 힘을 가진 그들로부터 목사직을 제명당하기까지 했던 것이다.

김재준은 세계 성경학계의 주류적 경향을 한국 신학계에 소개하고 이의 타당성을 논증하려 했다는 점에서 공헌했다. 또한 이러한 그의 성경관은 한국의 에큐메니칼 운동이나 기독교의 정치참여신학, 그리고 민중신학의 형성에 적지 않은 영향을 주었음을 부인할 수 없다. 그러나 그의 역사비평적 성경관은 역사비평을 포함하는 통시적(diachronic) 성경해석방법 자체가 필연적으로 가지고 있는 약점 또한 동반하고 있다. 즉, 당시 세계 성경학계에서처럼 역사비평을 절대시하면서 저자

중심의 성경해석에만 몰두했다는 것이다. 그리하여 성경본문의 문학적인 면이나 신학적인 면, 그리고 현대 독자의 관점에서의 이해 등을 소홀히 취급했다는 것이다. 이것은 역사비평에 대한 일반적인 비판이 김재준의 성경관에 대한 비판에 그대로 적용될 수 있다는 것을 의미한다. 역사비평이 절대시되었던 20세기 중반까지의 성경해석은 오늘날 공시적(synchronic) 해석방법에 의하여 보완, 보충되고 있는 실정이다.

교회

김재준은 교회를, '전 우주적 생명의 공동체', '전 우주적 사랑의 공동체', '창조적 사랑의 공동체', '역사 안에서의 하나님의 나라' 등으로 표현했다. 더 구체적으로, 교회는 영원한 생명의 주(主)요 살아 계신 하나님께 뿌리를 내리고 있는데 하나님께 예배하고, 하나님의 말씀을 전파하며, 인간끼리 친애하고, 어려운 이를 도우며, 슬픈 일을 당한 분을 위로하고, 억울한 사람들을 대변하며, 폭력에 비폭력으로 항거하고, 모든 불의한 세력에 맞서 예언적 권위로 직언하는 하나님의 사자로서의 공동체라는 것이다. 이것은 교회가 인간의 구원뿐만 아니라 사회의 구원에도 책임을 다해야 한다는 신앙 공동체임을 의미한다.

김재준은 교회의 역할 중에서도 특히 교회가 세상과 역사를 평화적으로 변화시킬 책임과 의무가 있다는 것을 강조했다. 그가 제시하는 일곱 가지 이상적인 교회상에는 이러한 사고가 잘 반영되어 있는데, 이를 요약하면 다음과 같다.74)

부활주일예배에서 축도하는 모습. 김재준은 지식인과 젊은이들을 위하여 경동교회를 세우고 목회했다.

① 교회는 어떤 세상 정권을 믿는 것이 아니라 삼위일체 사랑의 하나님을 믿는 것이다.

② 교회는 그 지역의 역사를 그리스도의 역사로 변화시켜야 하는 책임이 있다. 세상 권력에 동질화될 것이 아니라 그것을 변질시킬 의무가 있다는 것이다.

③ 교회는 전쟁 도발에 항거하여 평화운동을 강력하게 추진해야 한다.

④ 교회는 그리스도가 하신 것처럼 정치적으로나 경제적으

---

74) 김재준, 「교회의 뿌리」, 『고토를 걷다』, 1985, 104-105쪽.

로나 어떤 특권층의 소수 인간들로 구성된 기관에 충성하는 것보다도 대다수 민중의 친구가 되고 그 대변자가 되어야 한다. 이를 위하여 정치적 독재나 경제적 독과점 재벌의 불의, 무법 또는 횡포를 견제하고 예언자적 목소리를 높여야 한다.

⑤ 교회는 정의에 불타는 학생들, 탐욕자에 희생되는 절대 다수의 밑바닥 노무자, 실직자들의 친구가 되고 적어도 그들의 울타리가 되어야 한다. 그것이 이웃 사랑이고 그리스도를 대접하는 길이다.

⑥ 교회는 그리스도가 성령으로 함께하시기 때문에 좌절 없는 희망의 등대여야 한다. 어떠한 경우에도 절망해서는 안 된다.

⑦ 교회는 전 우주적 사랑의 공동체이고 그리스도인들은 그 지체들이다. 그리하여 그리스도와 교회와 역사와 자연이 하나 되는 사랑의 대조화(大調和)로 인류의 역사는 그 완성의 종말에 삼켜진다.

이러한 김재준의 교회관은 개인의 영혼구원만을 부르짖고 사회문제에는 별 관심이 없던 한국 교회의 현실을 직시하면서 형성된 것이다. 즉, 독재정권이나 경제재벌들의 독과점으로 권력과 부가 일부 특권층에게만 쏠리고 대다수 민중들은 가난과 억압에 시달려야 하는 한국의 현실 속에서 한국 교회가 그동안 예언자적 목소리를 올바르게 외치지 못했기 때문에 '교회의 사회화'를 강조한 것이었다. 따라서 김재준은 한국 교회가 이상적인 교회상을 성취하기 위해서는 개혁되어야 한다고 보았다. 그는 교회개혁을 세 가지로 나누어 제시했다.[75]

① 신학하는 태도를 개혁해야 한다. 옛 것에 사로잡히는 '정통'이나 '보수'만 고집할 것이 아니라 새로운 신학에 자기를 개방하여 진지하고 겸허한 마음으로 이를 대하는 태도를 지녀야 한다는 것이다.

"소위 정통주의자라는 사람들은 자기를 진리 탐구자의 입장에서 심판자의 입장으로 옮긴다. 그래서 그들은 자기가 신에 대한 학문을 한다는 의미에서 자기가 신이 되고 자기가 주장하는 신학이 직접 신이 발표한 학문인 줄로 착각해서 그것으로 남을 심판한다. 어이없는 우상화며 그걸 따르는 사람들은 자기도 모르게 우상숭배자가 되고 만다. 그러므로 어느 누가, 어떤 신학 내용을 채택하든지 간에 우선 신학 자체에 대한 개방적이고 상대적인 태도부터 수련해야 할 것이다."

② 교회구조를 개혁해야 한다. 이를 위하여 교회나 교회 기관 안에서 권위주의를 바탕으로 권력구조를 다지려는 데 분

---

75) 김재준, 「개혁교회의 개혁」, 『제3일』, 1970/10.

주한 악동들은 사라져야 하고, 직분이나 직책을 권력으로 생각하는 의식이 사라져야 한다.

"교권은 봉사를 위한 종합적인 경륜을 세우고 신앙과 양심의 자유를 보장하고 그것을 수호, 신장하는 권력인 경우에만 진정한 교권으로서의 의미가 있는 것이다."

이와 관련하여 교회 간의 협력인 에큐메니칼 운동에도 힘써야 한다. 연합기관에 참여하면서 자기 교파에만 충성하고 정치적인 경쟁을 하는 경우는 없어져야 한다. 김재준은 이러한 교권주의나 연합운동 등에서 나타나는 폐단을 극단의 정통주의 신학의 부산물로 보았다.[76]

③ 교회는 대 사회관계에 눈을 뜨면서 '예'와 '아니오'를 분명히 말해야 한다. 그렇지 않으면 '하나님의 의'에 대한 무관심 또는 무책임을 스스로 증거하는 것으로 심판의 대상이 될 수밖에 없다.

김재준은 교회가 사회에서 바람직한 역할을 하기 위해서는 그리스도인들이 정치에 참여하는 것이 불가피하다고 보았다.

---

76) 그러나 오늘날 교권주의, 교파주의, 에큐메니칼 운동을 저해하는 비연합주의 현상은 극단의 정통주의 신학을 주장하는 개인이나 집단만이 저지르는 것이 결코 아니다. 소위 진보신학이나 개방적인 신학을 한다고 주장하는 개인이나 집단도 이러한 일을 자행하는 데 혈안이 되어 있다.

그리스도인들은 세상 나라를 그리스도의 나라로 만들기 위하여 정치에 참여하고 역사변혁을 추구해야 한다는 것이다. 그리하여 권력이 하나님의 뜻에 맞지 않는 경우나 하나님의 뜻에 역행하는 경우에는 신앙적으로 이를 거부해야 한다. 그렇지 못한 것은 사탄에게 절을 하고 천하를 얻으려는 것이다. 그러나 이러한 예언자적 역할에 참여하면서 "미래 역사를 더 좋은 역사로 창조하는 자는 현재에 만족 또는 굴종하는 '다수'가 아니라, 현재에 불만을 품고 높은 가치를 위해 고난받는 '소수'"라고 보았다. 그리고 그런 소수자를 핵심으로 하는 교회와 세상은 서로 긴장관계를 유지하면서 하나님 나라에의 진전에 공헌할 수 있다는 것이다.[77]

김재준은 그리스도인들이 정치에 참여하면서 공헌할 수 있는 구체적인 내용을 다음과 같이 제시했다.[78]

"자유와 인간 존엄을 지키려는 신념, 폭력보다도 설득, 법보다도 교화, 전쟁보다도 평화, 전 국민에게 균점(均霑)된 복지를 위한 노력, 부정부패에의 도전, 지배욕보다도 봉사와 창조의욕의 조장 등등 언제나 불멸의 '비전'으로 방향을 제시하는 것이 크리스찬의 정치참여에서 특이한 공헌일 것이다."

---

[77] 김재준, 「교회와 세상」, 1976. 김재준의 '소수' 개념에 관한 구약성경적 배경에 대해서는 「구약성서에서 남은 자의 사상」(1972)을 보라.
[78] 김재준, 「기독교인의 정치참여」, 『기독교사상』, 1967.

그리스도인들은 기독교적인 가치관과 비전을 실현하기 위하여 정치에 참여하기 때문에 평화와 정의, 자유와 인간 존엄을 추구한다는 것이며, 이러한 그리스도인들의 정치에 대한 태도가 정치발전에 이바지한다는 것이다.

김재준은 정치활동을 위하여 교회가 하나의 정당행위를 해서는 안 되며, 정당이 교회의 이름으로 교회의 한 부분인 것 같이 결성되어서는 안 된다고 경고했다. 만약 교회가 하나의 정당행위를 하거나 기독교 정당이 결성될 경우 그 정당이 청렴결백하게 운영된다는 것은 정치 현실상 불가능하므로 기독교와 교회의 위신을 타락시키는 결과만을 가져오기 때문이다. 또한 정치에 참여한다면서 조직 교회를 떠나서도 안 되고 그리스도인으로서의 정체성을 상실해서도 안 된다고 경고했다. 왜냐하면 그리스도인이 정치에 참여하는 궁극적인 목표는 이 땅에서 하나님의 의를 구현하고 인간성을 갱신하는 것이기 때문이다.

김재준의 교회관은 교회의 사회에 대한 무관심을 일깨우는 데 공헌했다. 또한 그의 교회관은 1970년대부터 구체화되었던 교회와 그리스도인들의 민주화 운동참여를 위한 신학적 틀을 제공했고, 이를 통한 한국 민주주의의 발전에도 적지 않은 공헌을 하였다. 뿐만 아니라 교회와 그리스도인들의 사회 참여를 부르짖었던 민중신학의 형성에도 적지 않은 영향을 주었다.

이와 같은 긍정적인 면에도 불구하고, 김재준의 교회관은 교회의 사회적 기능과 예언자적 기능을 지나치게 강조함으로써 파생되는 다른 기능들의 상대적 약화라는 문제점을 가지고 있었다. 예를 들자면 교회의 제사장적 기능, 목회적 돌봄과 치유, 복음을 통한 개인 삶에 대한 태도의 변화, 그리스도의 몸으로서의 교회의 성장과 선교 등이다. 이러한 기능들은 당시 기성교회가 일반적으로 강조하고 있던 사안들이었기 때문에 김재준은 당시 거의 무관심했던 교회의 사회적 기능을 그 필요성에 의하여 강조한 것이지만, 교회의 균형 잡힌 역할을 위하여 이러한 기능들도 함께 제시했어야 하지 않을까 하는 아쉬움이 남는다. 그가 주장한 '교회의 사회화'를 보완하고 교회의 기능을 균형 있게 만들 수 있는 '교회의 교회화' 신학이 다른 한편에서 요청된다는 것이다. 물론 김재준은 '교회의 교회화'를 제시했지만, 위에서 예를 든 교회의 기능들에 대한 강조가 여전히 약했다는 것은 사실이다.

역사

김재준은 역사를 하나님과의 관계 속에서 이해했다. 그에게 있어 역사란 하나님이 활동하시는 무대이다. 이 무대는 고

정되어 있는 것이 아니라 역동적으로 움직이는 것이다. 즉, 하나님은 지금도 역사 안에서 부단히 활동하고 계시다는 것이다.

"역사란 것은 하나님이 그리스도 안에서 자기 것이라고 주장한 세속세계다. 역사는 그리스도 안에 있는 하나님이 그 속에서 일하시는 무대다. 역사는 하나님 나라의 활동을 내포한 세속활동이다. 역사는 동시대적인 그리스도(contemporary Christ)가 일하는(operate) 영역이다. 역사는 그리스도 안에서 나타나는 하나님의 역동적(dynamic) 행동을 그 속에 간직하고 있는 의복이다. 그러므로 역사는 자의적이면서 신실하다. 다 이내믹하면서 그리스도론적이다."[79]

따라서 그리스도인은 지금 하나님이 역사 현실에서 무엇을 하고 계시며 무엇을 지향하고 계신가 하는 것을 분간하는 능력이 있어야 하며, 그 지향하는 역사 과정에서 이를 위하여 날마다 십자가를 지고 그리스도를 따르는 제자로서 그 역사에 참여해야 한다. 즉, 그리스도인은 구속사적 입장에서 이 현실의 역사를 비판하면서 동시에 이 역사로 하여금 구원의 목표를 지향하게 해야 한다는 것이다. 그리고 이러한 비판과 지향에서 그리스도인은 십자가를 각오하지 않으면 안 된다는

---

79) 김재준, 「역사참여의 신학」, 1971.

것이다.[80]

김재준은 한국의 역사도 하나님과의 구체적인 관계 속에서 이해했다. 예를 들자면, 그는 일제로부터 우리 민족이 해방된 것을 이스라엘 민족이 바벨론 포로에서 해방된 것과 유사하다고 평가하면서 8.15해방은 하나님이 값없이 주신 은혜의 선물이라고 보았다.

"…… 1945년 8월 15일에 하나님은 우리에게 해방을 선포하였습니다. 이것은 우리가 쟁취한 것이 아니고 하나님의 긍휼과 은혜로 값없이 주신 선물이었습니다. 국제정치의 세력 균형과 일본 군벌에 대한 응징 등을 위한 전략의 일환이었다고 합니다만 우리는 그 배후에서 움직이는 하나님의 손가락을 봅니다(단 5:24-28). 하나님은 우리에게 심판보다도 위로를 선포하셨습니다. …… 이스라엘 민족이 바벨론 포로생활에서 해방된 경위와 우리 민족이 일제의 합방에서 풀려난 것과는 그 과정과 성질과 상황이 비슷합니다."[81]

그렇기 때문에 해방과 더불어 주어지는 건국의 기회를 하나님의 은혜에 대한 보답의 기회로 삼아야 한다고 역설했다.

"우리는 사랑하는 조국이 해방된 것이 하나님의 연민으로 말미암은 은혜임을 절감하여 무엇으로 감사의 제물을 드릴지

---

80) 김재준, 「역사참여의 문제와 우리의 실존」, 『기독교사상』, 1958/3.
81) 김재준, 「한국교회 윤리생활의 재검토」, 1962.

마음에 넘쳐 말이 없음을 깨닫는다. 다만 이 나라 자체가 성별된 하나님의 성소가 되며 백성은 하나님의 뭇 자녀가 되고 하나님의 영광이 길이길이 이 땅에 머물러 천하만국이 여기에서 하나님의 존귀와 영광을 바라보고 감히 천과로 범치 못하는 에덴이 되기까지 빌고 또 일하며 이를 위하여 살고 또 죽는 것이 만일의 보은임을 다시 생각하는 바이다."[82]

다른 한편, 그는 1950년 6월 25일에 일어난 전쟁을 하나님의 심판으로 규정했다.[83] 이 심판은 교회와 일반 국민이 자유의 선풍에 휘둘리고 부수어져 혼란과 분열의 시대를 이룬 것에 대한 심판이었다. 하나님이 은혜로 해방을 주셨지만, 그것을 하나님의 나라가 이 땅 위에 실현되는 건국의 기회로 삼지 못한 것에 대한 하나님의 징벌이었다.

그는 정치적, 경제적 불의가 자행되고 있는 한국전쟁 이후의 한국의 상황도 하나님의 구속사적 입장에서 이해했다. 그리하여 역사를 바르고 정의롭게 하려는 노력은 역사 안에서 활동하시는 그리스도의 사역에 참여하는 것이라고 보았다.

"부정, 부패가 나라 전체에 염병처럼 퍼지고 있다. 그러나 부패한 집권층의 귀에 거슬리면 신변이 위험하다 해서 불의를 불의라고도 못하고 잠잠하기만 한다면 결국 역사 안에서

---

82) 김재준, 「기독교의 건국이념」, 1945.
83) 김재준, 「한국신학대학 25년 회고」, 『신학연구』, 1965.

의 그리스도 활동에서 외면하는 불신앙자가 된다. 노동 대중이 기업주에게 부당한 학대를 받고 경제성장이 '부익부빈익빈' 현상을 가져왔다면, 그것이 그리스도의 뜻일 수가 없다."[84]

김재준의 역사에 대한 이해는 구약성경에 나타난 구속사적 관점이 반영되어 있다. 이와 같은 구약성경의 구속사적 이해는 신정통주의의 영향을 받은 미국 성경학계에서 일반적으로 통용되고 있었던 내용이었다. 이에 의하면, 구약성경은 이스라엘 역사를 하나님의 활동무대로 표현하면서 인간을 하나님의 구원의 도구로 여긴다.

김재준은 구속사적 역사 이해를 한국 역사에 구체적으로 적용시키면서 실천하고자 했다는 점에서 기여했다고 평가할 수 있다. 구속사적 성경 해석을 해석 그 자체로만 끝내지 아니하고 이를 한국 역사에 적용하여 한국사를 성경의 구속사적 연장선상에서 이해하고, 현재의 삶에서 하나님의 구원의 역사에 구체적으로 참여하려고 했다는 점에서 공헌이 있다는 것이다. 이러한 역사 이해와 실천은 독재정권의 핍박과 박해 속에 있는 역사 참여자들에게 신학적이고 윤리적인 정당성을 부여해 주었을 뿐만 아니라 정치참여를 신앙적 책임감과 소명감으로 이해하게 하여 많은 그리스도인들이 이에 관심을

---

84) 김재준, 「역사참여의 신학」, 1971.

갖고 참여하게 만들었다. 그러나 그의 역사관에는 역사와 역사 참여자로서의 인간에 대한 낙관론, 역사를 구속사라는 틀 속에서 도식화한 것, 역사 속의 인간이나 체제 등을 선과 악으로 예리하게 나누는 이분법 등이 내재한다는 점이 그 한계로 지적될 수 있겠다.

자유

김재준은 기독교가 인간을 자유케 하는 종교라고 보았다.[85] 그에 의하면, 기독교의 경전인 성경은 인간의 자유를 증언하고 있다. 구약성경의 「출애굽기」는 이스라엘 민족이 애굽에서 정치적·경제적·사회적·종교적 노예상태로 지내다가 자유를 얻고 약속의 땅인 가나안에 들어가 하나님의 백성으로서 신정왕국을 건설하게 하려는 것이다. 즉, "어떤 인간이 정권을 가지고 다른 모든 인간을 압박할 수 있는 나라가 아니고, 하느님이 주장하시는 나라, 자유와 정의와 자비의 나라를 세우기 위한 인간 해방의 기록"이었다. 그 주동은 하나님 자신이었고 그 일을 하나님으로부터 맡은 인물은 '모세'라는 지도자였다. 출애굽 이후, 고대 이스라엘에서 자유와 해방에 대한

---

85) 이에 대해서는 김재준, 「기독교와 인간 자유」(1973)를 참조하라.

기대는 장차 올 메시아 왕국에 대한 기다림으로 이어졌다.

그는 신약성경에서 예수가 인간의 자유를 선언했다고 보았다. 예수 그리스도는 온갖 육체적, 정신적 질병으로부터의 자유와 행동을 속박하는 율법주의로부터 자유를 선언하면서 인간 해방을 부르짖었다는 것이다. 그가 제시하는 자유란 인간의 내적인 자유뿐만 아니라 정치·경제·외교·문화·종고 등을 포함한 외적인 자유도 포괄하는 것이었다. 또한 바울 역시 그리스도를 통하여 인간을 얽매는 율법·규칙·제도·정치·경제·윤리 등으로부터 인간이 자유를 얻을 수 있음을 선포했다고 보았다.

김재준에 의하면, 오늘날 인간도 하나님께로 돌아올 때 자기 자신이 하나님의 형상대로 지어진 하나님의 자녀라는 것을 성령의 증언으로 깨닫게 될 뿐만 아니라 인간은 물결적 탐욕, 또는 어떤 사상에 종이 될 만큼 천한 존재가 아니라는 것을 자각할 수 있게 된다. 이러한 깨달음과 자각을 통하여 인간은 그리스도 안에서 자유와 사랑을 체험하게 된다. 여기에서 자유란 하나님이 그리스도의 십자가 고난을 통해서 피로 증거해 주신 자유, 인간에 대한 최후의 속박인 죄와 죽음으로부터의 자유이다. 그런데 문제는 그리스도를 통하여 자유 함을 얻었다는 것으로 인간 자유의 가치가 결정되는 것은 아니다. 오히려 그 자유를 어떻게 사용하느냐에 따라 그 자유의 값이 정해진다. 돈을 많이 벌었다는 데서 값이 결정되는 것이 아니라, 그 번 돈을 어디에 쓰느냐에 따라 그 돈과 그 돈 번 사람과의 값이 결정되는 것과 같다는 것이다.

김재준은 자유를 얻은 인간이 이웃을 위해서 사랑을 실천하는 것이 그 자유를 가장 값있게 사용하는 것이라고 생각했다.

"이렇게 그리스도적 자유를 가진 자만이 빈곤이나 시련이나 유혹이나 죽음의 모든 것을 이기고 오직 하나님의 선하시고 온전하신 계명을 지키며 하나님을 사랑하고 이웃을 사랑하는 건설적인 자유봉사를 즐겨 행할 수 있게 되는 것입니다."[86]

"우리가 진정 우리의 자유를 높은 차원에까지 올리려면 '자유로운 봉사', '나는 아무에게도 종이 아니다. 그러나 나는 스스로 모든 사람의 종이 된다'하는 탁 트인 인간성으로서의 '자유'까지 가져야 할 것이다. 자유로우면서 봉사하는 기쁨을 가진 자유인만이 참 자유인이라 생각된다."[87]

김재준이 제시한 자유란 한마디로 죄의식이나 죽음으로부터의 자유인 내적인 자유뿐만 아니라 정치·경제·사회·문화·종교·외교 등 외적 자유도 포함한다. 그리고 그리스도 안에서

---

86) 김재준, 「기독교의 기본 문제」, 1955.
87) 김재준, 『인간이기에』, 137쪽. "나는 아무에게도 …… 종이 된다"는 루터의 말을 인용한 것이다.

자유를 체험한 인간은 그리스도에 대한 보답으로서 이 땅에서 자유와 정의를 추구하고 사랑을 실천하면서 살아야 한다. 자유에 대한 김재준의 이러한 사고는 그로 하여금 가난과 물질을 초월한 청빈의 삶, 불의에 맞서서 "예"와 "아니오"를 분명하게 하는 삶, 독재정권에 항거하는 삶, 두려움 없이 자신의 신학적 입장을

신문을 보며 세상 읽기. 5.16 군사정권에 의해 신학교수직에서 물러난 김재준은 「대한일보」 논설위원직을 10년간 맡기도 했다.

분명하게 밝히는 등의 삶을 살게 했다. 또한 그의 자유에 대한 사고는 기독교에서 가르치는 인간의 자유가 '보수 신앙인'들이 주장하는 내적인 것뿐만 아니라 외적인 것도 포함되어야 한다는 것을 일반인들과 그리스도인들에게 계몽하는 것이기도 했다. 또한 인간의 외적 자유에 대한 강조는 정치적·경제적 억압에 항거하는 신학적이고 신앙적인 기반이 되기도 했다. 그럼에도 불구하고 그의 자유관은 인간의 내적 자유보다 외적 자유를 훨씬 더 강조하고 있다는 점에서 균형을 잃고 있다. 이것은 자유에 대한 그의 사고가 당시 사회의 필요성에 너무 의존하여 형성되고 제시되었다는 데 그 한계가 있다는

것을 의미한다.

신학교육

김재준의 신학교육에 대한 입장은 한국의 신학교육에 대한 비판에서부터 시작한다.[88] 그에 의하면, 한국 개신교 초기 반세기가 넘게 신학교육은 선교사들에 의하여 주도되어 왔다. 그리하여 한국 교회는 이들이 수입, 소개하는 신학이 기독교의 유일한 신학이요 사상인 줄 알면서 이를 무비판적으로 전수하는 데 충실했다. 선교사들이 가르친 신학이란 소위 근본주의 신학 혹은 정통주의 신학이라는 철저하게 교파적인 내용이어서 자기 교파 이외에 대한 관심을 가질 수 없게 만드는 것이었다. 그리고 그 전수방법은 주입식이어서 비판이나 사유의 자유, 인격적 결단 없이 진행되었다.

김재준은 이와 같은 내용의 신학교육을 받은 사람들이 그리스도의 분량에까지 이르는 교회나 사회의 봉사자가 되지 못하고 교권자로서 교회를 지배하려 했다고 비판했다. 그 결과 교회는 그들의 직장으로 변해버렸고, 교회 기관들은 그들의 교권 각축장이 되어 버렸으며, 교파의 분열이 조장되었다

---

88) 그의 신학교육에 대한 입장은 김재준, 「신학사상과 신학교육」, 『기독교사상』(1965/4)을 참조하라.

고 지적했다. 한국 교회와 목회자들의 문제는 선교사들의 근본주의 신학에 대한 일방적이고 고정주의적인 교육이 빚어낸 결과라는 것이다.

김재준은 선교사들이 도입한 경직된 신학교육을 극복하기 위하여 탈식민주의 시대(Post-Colonial Era)에 맞는 새로운 방식의 신학교육이 이루어져야 한다고 보았다. 그에 의하면, 이러한 신학교육의 목표는 그리스도상의 장성한 분량에까지 이르는 원숙한 인간 조성에 있다. 여기에서 그리스도상이란 오직 하나님께만 경배하고 그분의 뜻에만 순종할 뿐만 아니라 사람들을 섬기는 종의 모습이다. 즉, 하나님과 세상과 교회를 끝까지 섬기는 '수난의 종'이 바로 신학교육이 지향하는 그리스도상이라는 것이다. 이러한 신학교육의 목표는 조직 교회 안에서 직장을 확보하기 위한 직업학교로서의 '미니스트리(ministry)' 훈련과는 다른 것이며, 더욱이 어떤 특권적인 성직자 계급을 만들어내는 교육과도 다른 것이다. 따라서 신학교육은 소수의 성직자 양성에 국한시키지 말고 교회 전체를 위한 교육이 되어야 한다. 이를 통하여 교회는 그리스도로부터 위탁받은 사명인 '그리스도의 미니스트리(ministry)', 즉 "성자 안에 있는 성부가 성령을 통하여 세상 안에서 세상을 위하여 섬기는 ministry"를 수행할 수 있다.

김재준은 이러한 미니스트리를 위한 신학교육에 있어서 학문적인 성실성(integrity)과 우수성(excellence)을 저버려서는 안 된다고 경고했다. 신학교육은 그리스도의 미니스트리를 위한 질 높은 교육을 위하여 학문적인 우수성도 겸비해야 한다는 것이다. 또한 세계 교회의 신학에 동정적인 협조를 아끼지 않는 에큐메니칼적인 신학교육이 이루어져야 할 뿐만 아니라 우리 자신의 사고와 결단을 통하여 결론지어지는 우리의 신학이 계발되어야 한다고 제시했다. 세계 신학을 자유롭게 호흡할 뿐만 아니라 한국의 상황에 맞는 신학의 연구와 교육이 병행되어야 한다는 것이다.

김재준이 제시한 신학교육은 교회를 향한 신학교육에서 세상을 향한 신학교육으로 그 방향이 옮겨져야 한다는 것을 의미한다. 즉, 세상을 향하여 나팔이나 부는 목회자를 양산하는 것이 아니라 세상 속에 들어가 그들을 사랑으로 보살피고 그리스도를 본받아 그들을 섬기며 종 노릇하는 봉사자의 양성이 신학교육의 책임이라는 것이다. 그러기 위해서는 어느 한 교회를 담임할 교직자 산출에 그치는 것이 아니라, 모든 종류의 평신도들을 그리스도의 증인으로 훈련하여 동원하는 것에도 신학교육이 이루어져야 한다는 것이다. 그는 이러한 신학교육이 이루어질 때 탈식민주의 시대에 교회와 그리스도인들로 하여금 국가재건(Nation Building)에 이바지할 수 있으며, 기독교를 우리 문화 속에 토착화시킬 수 있다고 보았다.

김재준의 신학교육관은 8.15해방과 6.25전쟁, 4.19학생의거, 5.16군사쿠데타 등을 경험한 한민족의 국가재건에 신학교육이 어떤 공헌을 할 수 있는가 라는 관점에서 제시되었다고 볼 수 있다. 그리하여 그의 신학교육에 대한 입장은 그가 제시한 '교회의 사회화'를 위한 차원에서 이해될 수 있다. 즉, 신학교육은 교회와 그리스도인들이 그리스도로부터 위탁받은 세상에서 사랑의 봉사자의 역할을 충실히 감당해낼 수 있게 하는 교육이 되어야 한다. 이와 같은 그의 신학교육관은 오늘날에도 여전히 유효하다. 또한 교파를 초월한 신학교육, 학문적 우수성을 유지하는 신학교육, 세계 신학의 호흡과 한국적 신학의 계발 등도 되새겨야 할 내용이다.

김재준의 신학교육관이 한국 신학교육계에 미친 긍정적인 영향에도 불구하고 그의 주장들 중에 교권주의자들의 출현의 원인을 선교사들의 근본주의적 신학교육에로 돌리는 것이나 신학교육이 교회 공동체 자체에 대하여 가져야 하는 관심의 부족 등은 문제점으로 지적되어야 할 것이다. 근본주의 신학에서 벗어났다고 자부하는 사람들도 여전히 교권주의의 늪에서 헤어나지 못하고 있는 오늘날의 현실이나 교회 공동체의 온전한 자립과 안정이 없이는 교회의 사회화도 가능하지 않다는 사실은 이와 같은 주장들을 재고하게 한다.

맺는 말:
근본주의와 독재에 맞선 예언자적 양심

　김재준은 변화무쌍한 20세기의 대부분을 살면서 그리스도의 말씀에 충실한 행동의 삶을 추구하고자 노력하였다. 그는 20세기 한국 사회와 교회의 구원 요청에 그리스도인으로서 성실하게 응답하고자 했으며, 그 요청에 용기 있게 응답하는 것이 그리스도인의 사명이라고 여겼다. 한국 사회가 신문학을 갈구할 때에 그는 신학을 통하여 이를 접하고 가르쳤으며, 한국 교회가 근본주의 신학의 늪에서 헤어나지 못할 때에 자신이 유학하면서 공부했던 내용을 그 대안으로 제시했고, 한국의 민주주의가 군사독재자들에 의해서 짓밟힐 때에 그것은 정의가 아니라고 부르짖었다. 이러한 김재준이 되기까지에는 그에게 영향을 준 주요 인물과 신학이 있었다.

　전통적인 유교인이자 유교식 교육을 받았던 김재준이 기독교인이 되어 신학을 공부하고 한국 교회에서 활동하게 되는 데는 송창근의 영향이 컸다. 그는 송창근의 권유로 서울에 와서 신학문을 배웠고, 그의 도움으로 일본과 미국에서 유학했으며 한국신학대학교의 전신인 조선신학원에 발을 들여놓고 신학을 가르치게 되었다. 송창근이 성 프랜시스를 존경하여 청빈의 삶을 부르짖은 것처럼 김재준도 그러하며, 송창근이 민족주의자였던 것처럼 김재준도 그러하였다. 그러나 송창근과는 달리, 그는 보다 더 냉철하고 유가적인 자세로 현실의 문제를 대하고자 했으며, 목회보다는 신학교육에 더 깊은 관심을 보였다. 그리고 6.25전쟁 이후 송창근이 없는 상황에서 그는 지금까지 자신이 걸어왔던 행보를 계속하고자 노력했다.

김재준의 신학사상은 신학사적으로 신정통주의에 가깝다. 그는 일본 청산학원에서 자유주의 신학을 접하면서 이에 대한 부정적인 평가를 내렸고, 그 대안으로 신정통주의에 흥미를 가졌으며, 졸업논문에서도 신정통주의의 창시자라고 할 수 있는 칼 바르트의 신학을 다루었다. 그의 성경해석도 신정통주의 신학에서 제시하는 성경관과 맥을 같이 한다. 다른 한편, 사회에 대한 관심은 미국의 신정통주의 신학자라고 할 수 있는 라인홀드 니버와 그의 동생 리처드 니버의 신학과 맥을 같이 한다. 그러나 조국의 민주주의 향상을 위하여 앞장섰던 삶의 후반기에는 사회적 불의에 항거하는 해방신학, 민중신학

등과 호흡을 같이 하기도 했다.

김재준의 삶과 사상은 한국 교회의 목회, 신학, 신학교육 뿐만 아니라 한국 민주주의의 발전과 인권 신장에도 지대한 영향을 끼쳤다. 한국 기독교 장로회라는 교단의 탄생과 신정통주의 신학의 전파, 세계 신학에 근접하려는 개방적인 신학교육, 역사비평의 전파, 사회에 대한 교회의 관심의 향상, 근본주의 신학에 대한 비판, 내세 지향적인 신앙의 교정, 선교사들의 영향으로부터 탈출하려는 시도, 그리스도인의 정치참여 독려, 신앙적인 청빈의 삶, 수많은 글 등은 그가 한국 교회에 남긴 유산이다. 또한 독재정권에 대한 사심 없는 항거, 민주주의에 대한 비전 제시, 인간의 존엄성과 자유의 소중함에 대한 계몽, 역사에 대한 올바른 이해, 사회에 대한 올바른 방향 제시 등은 그가 한국 사회에 남긴 유산이기도 하다.

오늘날 이 땅의 교회와 정치 현실에 있어 자본주의의 유혹, 권력에의 집착, 도덕적인 타락, 방향감각의 상실 등이 여전히 극복하지 못하고 있다는 점에서 김재준의 청빈의 삶과 언행일치의 삶은 여전히 높이 평가되어야 하며 후학들이 본받아야 할 삶의 방식임에는 틀림이 없다. 또한 근본주의 신학에 의해 그가 이단자로 규정되고 목사직을 제명당했던 사건은 역사적 평가가 더욱 냉철하게 이루어질 때, 한국 장로교회의 진정한 화해를 위해서도 교단적 차원에서 진지하게 재고되어야 한다. 마지막으로 김재준을 논할 때 그의 신학과 신앙, 사상과 삶 등이 균형 있게 고려되어야 한다. 그의 사회와 정치에 대한 관심은 예수 그리스도를 사랑하는 신앙적 열정에서 나온 것이며, 그 열정이 단순한 감정적인 차원에 머물지 않게 하기 위하여 그는 부단히 글을 쓰면서 자신을 독려했다는 것을 잊지 말아야 할 것이다.

참고문헌

김재준의 저서, 번역서, 주요 논문과 단상 그리고 그에 대한 연구논문이나 단행본, 회상의 글, 석·박사학위논문 등은 장공 김재준 목사 탄신 100주년 기념사업위원회 편,『장공사상 연구논문집: 장공 탄신 100주년 기념 문집 2』, 오산: 한신대학교 출판부, 2001, 555-564쪽에 잘 정리되어 있다. 여기에서는 그를 이해하기 위해 필요한 주요 문헌을 간단하게 소개한다.

장공 김재준 목사 기념사업회 편.『김재준 전집』, 전18권. 오산: 한신대학 출판부, 1992(김재준이 쓰거나 번역한 글들을 거의 대부분 모아 연대별로 수록해 놓았는데, 한국신학대학 편.『장공 김재준 전집』, 전5권. 서울: 한국신학대학 출판부, 1971를 보완한 것이다).

김재준.『범용기: 장공 김재준 자서전』. 서울: 도서출판 풀빛, 1982 (출생부터 1970년까지 김재준의 생애를 이해하는데 필요하다).

장공 김재준 목사 탄신 100주년 기념사업위원회 편.『장공 김재준 논문 선집: 장공 탄신 100주년 기념문집 1』. 오산: 한신대학교 출판부, 2001(김재준의 주요 논문을 선별하여 편집했다).

_____.『장공사상 연구논문집: 장공 탄신 100주년 기념문집 2』. 오산: 한신대학교 출판부, 2001(김재준에 관한 주요 연구논문을 선별하여 편집했다).

_____. 『장공 이야기: 장공 탄신 100주년 기념문집 3』. 오산: 한신대학교 출판부, 2001(김재준의 제자들과 지인들이 썼던 그에 대한 회상문 등을 모아 편집했다).

김경재. 『김재준 평전』. 서울: 도서출판 삼인, 2001(문화신학의 관점에서 쓴 김재준의 평전으로 민주화운동 부분이 비교적 자세하게 묘사되어 있으며 김재준과 관련된 23장의 흑백사진도 앞부분에 수록되어 있다).

손규태. 『장공 김재준의 정치신학과 윤리사상』. 서울: 기독교서회, 2002(김재준의 자서전인 범용기의 요약과 그의 신학에 관한 저자의 논문 4편으로 구성되어 있다).

김재준 연보

1901. 9. 26. (양력 11월 6일) 함북 경흥군 상하면 오봉동 창꼴마을에서 김호병(부)과 채성녀(모)의 2남 4녀 중 둘째 아들로 태어남.
1905~1910   서당 훈장이었던 부친에게서 유교식 교육을 받음.
1910~1915   경원 향동소학교, 고건원 보통학교, 회령 간이농업학교 졸업.
1915-1917   회령군청 직세과 취직.
1917. 8. 29. (음) 장석연의 맏딸 장분여와 결혼. 슬하에 3남 3녀를 둠.
1917~1920   웅기 금융조합 취직
1920~1923   서울에 머물며 중동학교 고등과, YMCA 영어전수과 등에서 공부함.
1920 가을   승동교회에서 열린 부흥회에서 김익두 목사의 설교를 들으면서 회심. 기독교인이 됨.
1923 겨울   승동교회 김영구 목사에게서 세례 받음.
1923~1926   귀향하여 용현소학교, 귀낙동소학교, 신아산소학교에서 교사로 재직.
1926~1928. 3.   일본 청산학원 신학부 졸업.
1928. 9~1929. 5.   미국 프린스턴신학교 대학원 과정 수학.
1929. 9~1932. 5.   미국 웨스턴신학교에서 수학하여 신학사(S.T.B.)와 신학석사학위(S.T.M.)받고 귀국.
1933. 4~1936. 4.   평양 숭인상업학교 교유(교목 겸 성경교사)로 재직. 이때 『신학지남』 동인으로 활동하고, 아빙돈 단권주석사건에도 연루됨. 신사참배를 거부하며 사임.
1933. 8.   평양노회에서 강도사 인허.

1936. 8~1939. 9.　　만주 용정 은진중학교 교유.
1937.　　동만노회에서 목사 안수 받음.
1937. 5~1938. 2.　　월간『십자군』발행.
1939. 9~1940. 2.　　조선신학원 설립 사무 실무 책임자로 일함.
1940. 3.　　조선신학원 교수 취임.
1943. 4.　　조선신학원 원장 취임.
1945. 9.　　조선신학교 교장 취임.
1945. 12. 6.　　경동교회 설립.
1946. 3.　　송창근이 조선신학교 교장에 취임하자 교수로 봉직.
1950. 1~1951. 8.　　『십자군』속간, 30호 발간함.
1953.　　장로교 총회에서 목사직 파면 선언.
1954. 5.　　한국신학대학 부학장 취임.
1959. 5.　　캐나다 밴쿠버의 브리티쉬 콜롬비아 주립대학교 유니온 칼리지에서 명예신학박사학위 수여받음.
1959. 9.　　한국신학대학 제6대 학장 취임.
1961. 8.　　한국신문윤리위원회 위원(1년간).
1961. 9.　　정년제에 의해서 한국신학대학 사임. 명예교수.
1963. 1.　　대한일보 논설위원 (10년간).
1965. 4.　　한국신학대학 명예 학장.
1965. 9.　　한국 기독교 장로회 총회 총회장 (1년간).
1966. 9.　　한신학원 이사장 (4년간).
1970. 9~1974. 4.　　『제3일』창간 총44호 발간.
1972.　　한국사면위원회(엠네스티) 한국위원회 위원장.
1973.　　3선개헌반대 범국민투쟁위원회 위원장, 민주수호 국민협의회 공동의장.
1974. 3~1983. 9.　　캐나다에 이주하여 생활.
1974. 10.　　캐나다에서『제3일』속간하여 1981년 6월까지 총 60호 발간.
1975.　　북미주 한국인권수호협의회 의장.
1978.　　북미주 민주주의와 민족통일을 위한 국민연합 위원장.
1982.　　북미주 한국민주회복 통일촉진국민회의 의장.
1983. 9.　　귀국.
1987. 1.　　고 박종철 군 국민추도회 발기인.
1987. 1. 27.　　한양대학교 부속병원에서 87세로 별세.

현대신학자평전 2

김재준
- 근본주의와 독재에 맞선 예언자적 양심

초판인쇄_ 2003년 12월 8일
초판발행_ 2003년 12월 15일
지은이_ 천사무엘
펴낸이_ 심만수
펴낸곳_ (주)살림출판사
주소_ 110-847 서울시 종로구 평창동 358-1
출판등록_ 1989년 11월 1일 제9-210호
대표전화_ (02)379-4925~6
팩스_ (02)379-4724
e-mail_ salleem@chollian.net
홈페이지_ http://www.sallimbooks.com

ⓒ (주)살림출판사, 2003   ISBN 89-522-0167-1 04230 (세트)
                          ISBN 89-522-0169-8 04230

* 잘못된 책은 구입하신 서점에서 바꾸어 드립니다.
* 저자와의 협의에 의해 인지를 생략합니다.

값 10,000원